# IMMAGINA

## L'italiano senza confini

**Anne Cummings**
El Camino College

**Chiara Frenquellucci**
Harvard University

**Gloria Pastorino**
Fairleigh Dickinson University

**Julia A. Viazmenski**
Dartmouth College

## VISTA
### HIGHER LEARNING

Boston, Massachusetts

**VISTA**
HIGHER LEARNING

ISBN: 978-1-60576-173-2

5  6  7  8  9  VG  14  13  12

# Table of Contents

# About the Student Activities Manual

Completely coordinated with the **IMMAGINA** student textbook, the Student Activities Manual (SAM) provides you with additional practice of the language functions presented in each of the textbook's ten lessons. The SAM will help you develop your Italian language skills—listening, speaking, reading, and writing—both on its own and in conjunction with other components of the **IMMAGINA** program. The SAM combines two major learning tools in a single volume: the Workbook and the Lab Manual.

## Workbook

Each lesson's workbook activities focus on developing your reading and writing skills as they recycle the language from the corresponding textbook lesson. Exercise formats include: true/false, multiple choice, fill-in-the-blanks, sentence completions, dehydrated sentences, personal questions, and paragraph writing. The workbook also includes art-based exercises and activities with cultural contexts.

Each workbook lesson reflects the organization of the textbook lesson; it begins with **Per cominciare**, followed by sections on **Cortometraggio, Immagina,** and **Strutture.** Each lesson ends with **Composizione,** which develops your writing skills through a longer, more focused assignment.

## Lab Manual

The Lab Manual activities and their corresponding audio MP3s (available at **immagina.vhlcentral.com**) build your listening and speaking skills as they reinforce the vocabulary and grammar of the corresponding textbook lesson. These activities provide the written and audio cues (direction lines, models, charts, drawings, etc.) that you will need in order to follow along easily. You will hear statements, questions, dialogues, conversations, monologues, and many other kinds of listening passages, all recorded by native Italian speakers. You will encounter a wide range of activities, such as listen-and-repeat and listen-and-respond, comprehension checks, and illustration-based work.

Each lesson of the Lab Manual contains a **Per cominciare** section followed by a **Strutture** section; these sections practice the vocabulary and grammar of each lesson. Each Lab Manual lesson ends with **Vocabolario,** a complete list of the active vocabulary you have learned in the lesson.

We hope that you find the **IMMAGINA** Student Activities Manual to be a useful resource and that it will help you increase your Italian language skills effectively and enjoyably.

*The Vista Higher Learning Editorial Staff*

## PER COMINCIARE

# Lezione 1

**1 Analogie** Associa le parole delle due colonne che secondo te hanno un significato analogo.

1. _____ insicuro
2. _____ ottimista
3. _____ affascinante
4. _____ maturo
5. _____ emozionato
6. _____ agitato
7. _____ deluso
8. _____ triste

a. prudente
b. ansioso
c. timido
d. contrariato
e. depresso
f. idealista
g. seducente
h. entusiasta

**2 Descrizioni** Guarda le immagini e descrivi la vita relazionale di queste persone. Chi sono? Come sono? Cerca di usare quanto più possibile il vocabolario della lezione.

1. _____
_____
_____
_____

2. _____
_____
_____
_____

3. _____
_____
_____
_____

**3 Il mio amico ideale** Descrivi la personalità del tuo amico ideale e quella di un tipo di persona che assolutamente non ti piace. Utilizza le parole imparate in questa lezione.

**Il mio amico ideale:** _____
_____
_____
_____
_____
_____

**Una persona che non mi piace:** _____
_____
_____
_____
_____
_____

## CORTOMETRAGGIO

# La scarpa

In questa scena vediamo il protagonista maschile del cortometraggio *La scarpa*. Ha appena deciso di lasciare la sua partner, una scelta che cambierà la vita di entrambi. Come glielo comunica? Perché? Come reagisce lei? Che sentimenti vedi dietro le scelte dei protagonisti? I mezzi di comunicazione che utilizzano ci dicono qualcosa del tipo di rapporto che c'è tra queste due persone?

_____

_____

_____

_____

_____

_____

_____

_____

_____

_____

_____

_____

_____

_____

_____

## IMMAGINA

# Gli italiani nel mondo

Rispondi alle domande con frasi complete.

1. Chi sono gli «oriundi»?

   _____

2. Quali sono stati gli eventi storici in Europa alla base della prima ondata migratoria dall'Italia?

   _____

3. Quali sono le aspettative per i nuovi emigrati?

   _____

4. Cosa fanno oggi gli emigrati o oriundi italiani?

   _____

5. Che cosa indica l'espressione «*Little Italy*»?

   _____

**STRUTTURE**

## 1.1 The present tense: regular verbs

**1** **Mario, ragazzo timido** Leggi la storia di Mario e completa il paragrafo coniugando i verbi al presente indicativo.

Mario è un ragazzo molto affettuoso ma timido. Gli (1) _____ (piacere) passare il tempo con i vecchi amici, come Luciana, ma non (2) _____ (iniziare) mai una conversazione e (3) _____ (preferire) stare in silenzio. Mario e Luciana (4) _____ (condividere) molti interessi. Per esempio, (5) _____ (adorare) l'arte e la musica classica. Da qualche mese Mario (6) _____ (amare) un'amica di Luciana, Gina. Un giorno, Luciana gli (7) _____ (suggerire): «Perché non le (8) _____ (chiedere) di uscire con te?». Mario (9) _____ (diventare) rosso, (10) _____ (cominciare) a balbettare (_stammer_)... A questo punto, Luciana (11) _____ (concludere): «Ho un'idea! (12) _____ (Invitare) anche Gina al mio matrimonio con Attilio e vi (13) _____ (mettere) in posti vicini! Così finalmente (14) _____ (cominciare) a conoscervi!»

**2** **Al matrimonio** Mario e Gina sono seduti in posti vicini. Durante il pranzo, Mario capisce che Gina non è la persona giusta per lui. Completa le frasi scegliendo il verbo appropriato dalla lista e coniugandolo al presente indicativo.

| cercare | contare | mentire | odiare |
|---|---|---|---|
| condividere | lasciare | meritare | rompere |

1. Mario ama la musica classica, Gina ama il rock. Mario e Gina non _____ gli stessi gusti.
2. Gina ha diciotto anni, ma dice di averne venti. Gina _____!
3. Gina _____ le persone timide perché adora i ragazzi sicuri e sfacciati (_cheeky_).
4. Gina non chiede mai aiuto a nessuno: _____ solo su se stessa!
5. Gina _____ i suoi fidanzati ogni volta che incontra un ragazzo affascinante.
6. Mario è timido e sensibile, Gina è piuttosto superficiale. Gina non _____ Mario!
7. Gina parla, ride e scherza con tutti. Di solito lei _____ con gli amici che non amano socializzare.
8. Le ragazze sfacciate come Gina non _____ un ragazzo serio come Mario. Preferiscono ragazzi sfacciati come loro!

**3** **Relazioni** Parli con un amico di questioni relazionali. Correggi le sue affermazioni precisando che anche altre persone fanno la stessa cosa.

**Modello**
Mario conta solo su Lucia. (io)
_Anche io conto solo su Lucia_

1. Lucia e Attilio litigano a volte. (io e Piero)
_____

2. Voi eliminate le e-mail prima di leggerle. (loro)
_____

3. Giulia piange sempre davanti a un film! (io e la mia amica Carla)
_____

4. Gina odia le persone timide. (tu)
_____

5. I ragazzi spesso cominciano una relazione in modo superficiale. (noi)
_____

6. Loro non capiscono il motivo del divorzio. (voi)
_____

**4** **L'album** Scegli uno dei due album e racconta la storia dei protagonisti usando i verbi della lista al presente indicativo.

| | | | | |
|---|---|---|---|---|
| affittare (*rent*) | divorziare | innamorarsi | prenotare (*reserve*) | vincere |
| comprare | incontrare | partire | sposarsi | visitare |

Gina e Roberto

Mario e Chiara

_____    _____

_____    _____

_____    _____

_____    _____

_____    _____

**5** **Domande personali** Rispondi alle domande descrivendo la tua relazione con i tuoi amici.

1. Quando esci con gli amici, chi paga di solito?

   _____

2. Hai un amico con cui preferisci viaggiare? Perché?

   _____

3. Litighi con i tuoi amici? Per quale motivo di solito?

   _____

4. Hai un amico a cui racconti tutti i tuoi problemi?

   _____

5. Che emozioni provi quando un amico ti racconta i suoi problemi?

   _____

**6** **L'invito** Nella tua cassetta postale oggi hai trovato un invito ad uscire con un amico/un'amica di un amico. Questa persona non ti ha mai visto, ma ha sentito tante cose belle su di te ed è interessato/a a conoscerti. Rispondi con una breve lettera di sei frasi, dicendo se accetti o no e spiegando il perché.

_____

_____

_____

_____

_____

_____

## 1.2 Articles

**1** **La professoressa** Oggi Michela ha conosciuto la sua professoressa di scienze e ne parla in famiglia. Completa il paragrafo usando l'articolo determinativo o indeterminativo.

Oggi abbiamo conosciuto (1) _____ professoressa di scienze. Abbiamo lezione con lei

(2) _____ lunedì. È (3) _____ persona molto socievole. Le piace parlare con

(4) _____ studenti e (5) _____ giovani in generale. Suo figlio ha (6) _____

nostra età. Così lei conosce (7) _____ musica, (8) _____ attori, (9) _____

spettacoli e (10) _____ film che interessano a noi ragazzi. (11) _____ domenica va

spesso allo stadio con suo figlio. Hanno (12) _____ cane e (13) _____ gatto che

vanno molto d'accordo, mentre lei litiga spesso con (14) _____ vicini (*neighbors*). È stata

(15) _____ unica professoressa che oggi non ha insegnato ma ci ha permesso di conoscerci.

Sono sicura che è anche (16) _____ ottima insegnante.

**2** **Mio fratello** Michela ha un fratello più piccolo che, come tutti i bambini, ha paura del buio (*the dark*). Completa il paragrafo inserendo gli articoli indeterminativi e determinativi. Dove necessario, combina questi ultimi con le preposizioni.

(1) _____ mio fratellino ha paura (di) (2) _____ buio. Ogni sera, (a) (3)_____

nove, va (in) (4) _____ sua camera e mi chiama (da) (5) _____ suo letto per

chiedermi di stare con lui. Io prendo (6) _____ libro (da) (7) _____ scaffale (*shelf*),

mi metto sotto (8) _____ coperte (*covers*) con lui e gli leggo (9) _____ storia fino (a)

(10) _____ nove e mezza. Quando dorme, scendo (da) (11) _____ letto in silenzio,

rimetto (12) _____ libro (su) (13) _____ scaffale, chiudo (14) _____ porta

piano piano e vado a dormire anch'io. Ci vuole pazienza con (15) _____ bambini!

**3** **Affinità** Pensa a una persona con cui vai molto d'accordo e a una con cui litighi spesso. Descrivi le persone e il tuo rapporto con loro: cosa fate quando siete insieme, cosa ti piace e cosa non ti piace della loro personalità. Scrivi almeno otto frasi usando come minimo quattro preposizioni articolate.

_____

_____

_____

_____

_____

_____

_____

_____

_____

_____

Workbook

## 1.3 Gender and number

**1**   **In estate** Volgi le seguenti frasi dal singolare al plurale.

1. La città è vuota.                          _____
2. La banca è chiusa.                      _____
3. Il bar è aperto.                            _____
4. La radio è accesa.                       _____
5. La spiaggia è affollata.                _____
6. L'albergo è pieno.                        _____
7. La giornata è lunga.                     _____
8. L'amico è più simpatico.              _____

**2**   **La natura è imprevedibile** Volgi le seguenti espressioni dal singolare al plurale. Fai attenzione: spesso le parti del corpo hanno un plurale irregolare.

1. il labbro sottile                          _____
2. l'occhio blu                                _____
3. il ginocchio dolorante (*painful*)  _____
4. la mano forte                              _____
5. la gamba corta                            _____
6. il braccio robusto                        _____
7. l'uovo fresco                              _____
8. il piede piatto (*flat*)                   _____
9. l'ala rotta                                    _____
10. la schiena dritta                         _____

**3**   **Sulla spiaggia** Sulla spiaggia, ognuno passa il tempo come meglio crede. Riscrivi le frasi, cambiando il genere delle parole sottolineate.

*Modello*

> Tante donne prendono il sole mentre una musicista suona la chitarra.
> *Tanti uomini prendono il sole mentre un musicista suona la chitarra.*

1. La guida porta i turisti al museo archeologico.

   _____

2. Un attore recita la parte di un chirurgo in vacanza.

   _____

3. La psichiatra della clinica è in spiaggia con il mio dottore.

   _____

4. Una signora scrive sotto l'ombrellone: forse è una poetessa.

   _____

5. Una giovane donna dipinge in riva al mare: forse è un'artista.

   _____

Workbook

**4** **Che lavoro fanno?** Leggi le descrizioni e decidi che lavoro fa ogni persona.

> **Modello**
>
> Alfonso cura persone con disturbi mentali.
> Alfonso fa lo psichiatra.

> architetto     dentista          ingegnere      psichiatra
> chirurgo       guida turistica   pianista

1. Laura progetta case e palazzi.
   _____

2. Sandro porta gruppi di turisti a visitare la città.
   _____

3. Michela opera i pazienti in ospedale.
   _____

4. Giorgio cura i denti dei suoi pazienti.
   _____

5. Roberta progetta macchine per un'industria italiana.
   _____

6. Leonardo suona il pianoforte.
   _____

**5** **Gusti** Scrivi una frase per descrivere queste persone. Dopo, scrivi un'altra frase sulla controparte femminile.

> **Modello**
>
> Il tuo zio preferito: fa il medico, è simpatico e ottimista.
> La mia zia preferita fa l'ingegnere, è bella, seducente e un po' timida.

1. I ragazzi adolescenti: _____
   _____

2. Mio fratello: _____
   _____

3. I miei cugini: _____
   _____

4. Mio nonno: _____
   _____

5. Il mio migliore amico: _____
   _____

**6** **Professionalità ed esperienza!** Ti sei appena laureato/a e stai cercando un lavoro per l'estate. Scrivi un breve annuncio di almeno otto frasi in cui descrivi la tua esperienza e la tua personalità.

_____

_____

_____

_____

Workbook

# 1.4 The present tense: irregular verbs

**1**  **Va tutto male!** Completa le frasi con la forma corretta del verbo **essere**.

1. La mia fidanzata _____ molto gelosa!
2. Io _____ stufo del mio lavoro.
3. I miei genitori _____ arrabbiati con me perché non telefono mai.
4. Io e il mio capo non _____ in buoni rapporti.
5. Tu non _____ affatto sensibile ai miei problemi.
6. Tu e Carlo _____ una coppia molto affiatata: beati voi!

**2**  **Sensazioni** Completa le frasi coniugando le espressioni della lista appropriate.

> **Modello**
> Luigi è stanco e vuole dormire.
> Lui ha *sonno*.

| | | | | |
|---|---|---|---|---|
| avere bisogno | avere fiducia | avere voglia | fare la fila | fare progetti |
| avere coraggio | avere un buon rapporto | dare fastidio | fare le pulizie | stare per |

1. Marco crede a tutto quello che i suoi genitori gli raccontano.
   Lui _____ nei suoi genitori.
2. Filippo e la sua fidanzata parlano dei loro piani per il futuro.
   Loro _____ per il futuro.
3. I miei fratelli mi disturbano mentre studio.
   Loro _____ mentre studio.
4. Io e mia sorella andiamo molto d'accordo!
   Noi _____!
5. Io pulisco la casa.
   Io _____.
6. Tu e tua moglie sapete affrontare le situazioni più difficili.
   Voi _____.
7. Io devo parlarti dei miei problemi.
   Io _____ di parlarti dei miei prolemi.
8. Io e Giorgio siamo pronti per andare a fare la spesa.
   Noi _____ andare a fare la spesa.
9. Tu desideri uscire con me stasera!
   Tu _____ di uscire con me stasera!
10. Tu e Luca aspettate davanti alla cassa per pagare il conto.
    Voi _____ per pagare il conto.

**3**  **Vieni con noi!** Completa l'e-mail che Laura scrive a Michela usando i verbi **stare, fare, andare** e **dare**.

| | |
|---|---|
| Da: | Laura@immaginavhl.it |
| A: | Michela@immaginavhl.it |
| Oggetto: | Ciao! |

Cara Michela,

Come (1) _____? Io e Piero (2) _____ bene, ma siamo molto impegnati. Non (3) _____ più sport come una volta... Piero (4) _____ tutto il giorno davanti al computer per lavoro. Io, invece, (5) _____ sempre seduta a correggere e preparare le lezioni... Cammino solo quando (6) _____ a scuola!

Mi piace insegnare, mi (7) _____ tante soddisfazioni, anche se gli studenti dicono che (8) _____ troppi compiti! Cosa (9) _____ questo fine settimana? (10) _____ da qualche parte? Noi (11) _____ al mare con Stefania, se (12) _____ bel tempo. I suoi bambini ogni estate (13) _____ in vacanza con la nonna, e lei (14) _____ a trovarli il fine settimana. So che non ami i bambini, ma i figli di Stefi sono bravi e non (15) _____ fastidio. Se vuoi venire, scrivimi.

A presto, Laura.

**4** **No, grazie: ho da fare** Completa la risposta di Michela a Laura usando i verbi tra parentesi.

| Da: | Michela@immaginavhl.it |
|---|---|
| A: | Laura@immaginavhl.it |
| Oggetto: | Saluti! |

Ciao Laura, che piacere risentirti!

Ultimamente non (1) _____ (riuscire) a organizzare le mie giornate: ho tanto da fare! Adesso io (2) _____ (tradurre) per un'importante azienda statunitense, mentre Alessandro (3) _____ (tenere) la contabilità per una fabbrica di cioccolatini. Così (4) _____ (noi-uscire) solo il fine settimana, ma spesso io (5) _____ (cogliere) l'opportunità di stare in pace e (6) _____ (scegliere) di rimanere in casa. Così resto tutta la mattina a letto e leggo un libro, mentre (7) _____ (bere) una tazza di latte caldo. Per quanto riguarda il tuo invito: no, grazie. I bambini mi (8) _____ (togliere) le energie! Per non parlare di Alessandro: lui (9) _____ (uscire) di casa ogni volta che (10) _____ (venire) a trovarci i figli di mia sorella!

Grazie, comunque!

A presto, Michela.

**5** **Domande personali** Scrivi almeno tre frasi per ogni punto e racconta:

• qualcosa che devi fare sempre tu a casa perché nessun altro vuole farlo.

_____
_____
_____

• qualcosa che assolutamente non puoi fare perché dà fastidio a qualcuno della tua famiglia.

_____
_____
_____

• qualcosa che gli altri non possono fare perché tu non vuoi.

_____
_____
_____

• qualcosa che gli altri devono assolutamente fare se vogliono essere tuoi amici.

_____
_____
_____

**6** **Continua tu!** Continua la storia di Cenerentola (_Cinderella_) usando i verbi della lista. Ricordati di descrivere il carattere dei personaggi e, se vuoi, inventa una versione originale di questa antichissima fiaba!

| andare | dovere | rimanere | sapere | tenere | venire |
|---|---|---|---|---|---|
| dire | potere | salire | stare | uscire | volere |

Cenerentola è una povera ragazza umile e sensibile che vive con il papà, la matrigna (_step-mother_) e le sorellastre (_step-sisters_). La matrigna è...

_____
_____
_____
_____
_____

**Workbook**

## COMPOSIZIONE

### 1° passo

Leggi il blog di Sara e rispondi alle domande.

Sono una ragazza di 22 anni, ottimista, affettuosa e molto prudente, soprattutto nelle relazioni con gli altri. Mi piace la musica jazz e l'arte contemporanea. Io stessa suono il sassofono e dipingo quadri astratti nel mio tempo libero. Se hai dieci minuti per visitare il mio blog, puoi vederli! I miei amici dicono che sono un vulcano di energia e di genialità!

Non ho un fidanzato e non lo cerco. Credo nell'amicizia vera, anche tra uomo e donna!

Non ho fretta di sposarmi, preferisco aspettare la persona giusta al momento giusto.

Sogno una vita intensa e interessante, non mi interessa se lunga o breve. Voglio viaggiare e conoscere il mondo. Adoro le persone oneste e sincere, odio quelle ipocrite e bugiarde!

Se non sei né ipocrita né bugiardo/a, scrivimi! Voglio conoscerti!

Sara.

1. Descrivi la personalità di Sara in una frase.

   _____

2. Cosa fa Sara nel tempo libero?

   _____

3. Qual è l'aspetto più interessante di Sara, per te? Perché?

   _____

### 2° passo

Scrivi sul blog di Sara. Presentati con una breve descrizione della tua personalità e dei tuoi gusti. Credi anche tu nell'amicizia tra uomo e donna? Hai fretta di sposarti? Preferisci una vita lunga e noiosa o una breve e intensa? Cosa vuoi fare per rendere la tua vita intensa? Quali persone preferisci e quali detesti?

**PER COMINCIARE**

**Workbook**

**1** **In centro, in campagna** Completa il paragrafo con le parole della lista.

| | | | |
|---|---|---|---|
| appartamenti | fermata | parcheggiare | si divertono |
| casali | incontrarsi | periferia | tranquilla |
| fare commissioni | palazzi | quartieri | trasporto |

In città la gente abita in (1) _____ e in (2) _____. Le persone vivono in
(3) _____ dove è abbastanza facile (4) _____ e (5) _____ con gli amici. Però,
se si ha una macchina, si possono avere problemi per (6) _____. In campagna, invece, la gente
abita in (7) _____. Per raggiungere i servizi è necessario usare un mezzo di (8) _____
pubblico, oppure la macchina. In campagna probabilmente le persone non (9) _____ come in
città, ma qui la vita è sicuramente più (10) _____. Io, per fortuna, abito in (11) _____,
molto vicino alla (12) _____ dell'autobus: così posso andare in città o in campagna in poco
tempo quando voglio!

**2** **Descrizioni** Guarda le fotografie e descrivile con due frasi ognuna. Cerca di usare quanto più
possibile il vocabolario della lezione.

1. _____  2. _____  3. _____

_____  _____  _____

**3** **Vieni a trovarmi!** Scrivi una lettera a Sandra per invitarla a casa tua. Nella lettera, descrivi i diversi
luoghi della tua città, del tuo paese o del tuo quartiere, usando almeno otto parole della lista.

| | | | |
|---|---|---|---|
| affollato | moderno | rumoroso | tranquillo |
| deserto | pericoloso | storico | vivace |
| largo | pieno | stretto | vuoto |
| luminoso | quotidiano | trafficato | |

_____

_____

_____

_____

_____

_____

_____

## CORTOMETRAGGIO

# La ritirata

Rosa è una ragazzina molto giovane ma matura e piena di coraggio. In che modo Rosa dimostra il suo coraggio e la sua maturità ogni giorno? Perché Rosa uccide Occhiulì? È possibile superare le differenze di nazionalità, lingua, cultura e principi, ed incontrarsi? Scrivi un breve paragrafo rispondendo alle domande.

_____

_____

_____

_____

_____

_____

_____

_____

## IMMAGINA

# Roma e l'Italia centrale

Rispondi alle domande con frasi complete.

1. Perché Roma è definita un «museo a cielo aperto»?

   _____

2. Qual era la parte della città dedicata alla vita sociale degli antichi romani e perché?

   _____

3. Cosa devono fare i turisti che visitano la Fontana di Trevi secondo la tradizione e perché?

   _____

4. Che forma ha piazza Navona e perché?

   _____

5. Perché è possibile trovarsi improvvisamente «all'estero» mentre si cammina per il centro di Roma?

   _____

6. In che modo san Francesco è cambiato nella sua vita?

   _____

7. Da che parte dell'Italia veniva san Francesco?

   _____

## STRUTTURE

## 2.1 Reflexive and reciprocal verbs

**1** **Tra compagni di stanza** Giulio, Enrico e Tommaso, tre studenti universitari a Roma, decidono come usare gli spazi del loro appartamento. Completa il dialogo usando i verbi nella forma appropriata.

**TOMMASO** Io preferisco (1) _____ (alzarsi) presto la mattina. A che ora (2) _____ (svegliarsi) tu, di solito?

**GIULIO** Normalmente io (3) _____ (svegliarsi) presto, ma mi piace stare a letto per un po'. La sera mi piace (4) _____ (addormentarsi) subito. E a te?

**TOMMASO** Io (5) _____ (mettersi a letto) verso le 9:00 e (6) _____ (addormentarsi) poco dopo. Enrico però torna tardi e non (7) _____ (addormentarsi) prima delle 2:00...

**ENRICO** Non è un problema: voi due dormite insieme, io nella camera separata! Però abbiamo solo un bagno. Di quanto tempo avete bisogno la mattina per (8) _____ (lavarsi)?

**TOMMASO** Pochissimo. Di solito (9) _____ (farsi la doccia) la sera, quindi la mattina (10) _____ (farsi la barba) in cinque minuti ed esco di casa.

**GIULIO** Anch'io (11) _____ (prepararsi) velocemente, però ho bisogno di più tempo perché amo (12) _____ (vestirsi) in bagno. Quindi, Tommaso: la mattina usi il bagno prima tu e poi io. Non devi (13) _____ (preoccuparsi), Enrico: finirò prima che tu ti svegli.

**ENRICO** Bene. Però se non (14) _____ (muoversi), vengo a bussarti (_knock_) alla porta. Io la mattina ho il bisogno urgente di (15) _____ (farsi un bagno) per almeno un'ora!

**TOMMASO** Allora dovresti cercare di (16) _____ (svegliarsi) prima di tutti, così non ci disturbi!

**2** **Sabato sera** Il primo sabato sera dei nostri amici è un'esperienza drammatica. Completa le frasi.

| addormentarsi | perdersi | riposarsi | truccarsi |
| asciugarsi | pettinarsi | sbrigarsi | vestirsi |

1. Tommaso è stanco. Va in camera perché vuole _____.
2. Enrico ha bisogno del bagno: deve uscire e vuole _____ elegante.
3. In bagno c'è Giulio. Enrico bussa violentemente alla porta: Giulio deve _____!
4. Giulio esce in fretta. È tutto bagnato: non ha potuto _____.
5. Giulio protesta, ma Enrico non può _____ in chiacchiere con lui: è già tardi!
6. Sono le 20:30 e i capelli di Enrico sono ancora in disordine: deve ancora _____!
7. Per fortuna Enrico non è una donna e non deve _____.
8. Il povero Tommaso esce dalla stanza in pigiama: con questa confusione non riesce ad _____!

**3** **In campagna** Tu e alcuni compagni state progettando una giornata in campagna. Scrivi delle frasi usando l'imperativo alla prima persona plurale per suggerire ai tuoi compagni cosa fare e cosa non fare.

> **Modello**
> (fermarsi) _Fermiamoci a comperare le uova dal contadino!_

1. (dimenticarsi) _____
2. (fermarsi) _____
3. (incontrarsi) _____
4. (muoversi) _____
5. (ricordarsi) _____

**Workbook**

**4** **Come ti senti?** Guarda le immagini, descrivi i sentimenti di queste persone e immagina cosa può essere successo. Usa almeno due verbi riflessivi per ogni immagine.

> **Modello**
>
> Questa ragazza si annoia perché aspetta da troppo tempo.

1. _____     2. _____     3. _____

   _____        _____        _____

**5** **Beati loro!** Scrivete sei frasi usando le forme reciproche per descrivere quello che fanno ogni giorno due persone che si vogliono bene.

> **Modello**
>
> Si scrivono tante e-mail ogni giorno.

1. _____
2. _____
3. _____
4. _____
5. _____
6. _____

**6** **Le cose da dire** Descrivi la tua idea di amicizia, usando almeno dieci verbi reciproci o riflessivi.

*Per me l'amicizia è molto importante. I miei amici ed io...*

**Nome** _____  **Data** _____

## 2.2 *Piacere* and similar verbs

**1 Ah, le donne!** Mario e Silvana si sono appena sposati e trasferiti nel loro nuovo appartamento in città... ma ecco che cominciano già a litigare! Completa il dialogo con i verbi della lista e i pronomi appropriati.

> bastare  dispiacere  occorrere  restare  servire
> dare fastidio  importare  parere  sembrare  stare a cuore

**MARIO** Non c'è dubbio: la macchina (1) _____!

**SILVANA** Io non capisco perché quella macchina così vecchia (2) _____ così tanto!

**MARIO** (3) _____ bello buttare via una macchina solo perché è vecchia ma funziona ancora benissimo?

**SILVANA** Ma caro, qui in città (4) _____ una bicicletta per andare nei posti vicini. Per andare lontano prendiamo l'autobus!

**MARIO** (5) _____, ma io la macchina non la vendo! È l'unico ricordo che (6) _____ della mia vita prematrimoniale!

**SILVANA** (7) _____ così tanto della macchina e così poco di me! I soldi che (8) _____ per mantenere la macchina potresti usarli per comprarmi qualcosa di bello...

**MARIO** Non è questo: le tue motivazioni non (9) _____ valide. (10) _____ le donne che vogliono avere troppe attenzioni!

**2 Vita in campagna e vita in città** Scrivi una frase per ogni parola usando i verbi della lista.

> dare fastidio  interessare  mancare  occorrere  piacere

1. i grattacieli: _____
2. la periferia: _____
3. i paesi di campagna: _____
4. passeggiare in centro: _____
5. prendere la metropolitana: _____

**3 In giro per la città** Marina, Clara e Roberto tornano da una gita a Roma. Sul treno si scambiano opinioni su cosa gli è piaciuto e cosa non gli è piaciuto. Costruisci le frasi come nel modello.

**Modello**
Marina / gli autobus sporchi:
A Marina non sono piaciuti gli autobus sporchi.

1. Marina / il traffico: _____
2. Marina e Roberto / i giardini pubblici: _____
3. Marina, Clara e Roberto / la discoteca in via Garibaldi: _____
4. Clara / i Fori Imperiali: _____
5. Marina e Clara / i palazzi antichi: _____
6. Clara e Roberto / la periferia: _____
7. Roberto / le bancarelle davanti al Colosseo: _____
8. Marina, Clara e Roberto / il quartiere intorno a piazza Navona: _____

Workbook

**4   Ti do, se tu mi dai!** Scrivi tre inviti che ti ha fatto un amico/un'amica e rispondi con la richiesta che vorresti fargli/le come condizione necessaria per accettare il suo invito!

> **Modello**
>
> **Invito:** Ti piacerebbe venire a vedere il Papa a Roma con me?
> **Condizione:** Ti dispiacerebbe comprare il biglietto del treno anche per me?

1. **Invito:** _____
   **Condizione:** _____
2. **Invito:** _____
   **Condizione:** _____
3. **Invito:** _____
   **Condizione:** _____

**5   Congetture** Collega le parole delle tre liste per descrivere i gusti delle varie persone, come nel modello.

> **Modello**
>
> i miei genitori
> Ai miei genitori non piacciono i luoghi affollati.

| | | |
|---|---|---|
| i miei genitori | dare fastidio | fare commissioni |
| il/la mio/a migliore amico/a | importare | giardini pubblici |
| io | interessare | guidare |
| mio/a nonno/a | occorrere | ingorgo stradale |
| il mio professore/la mia professoressa | piacere | luoghi affollati/rumorosi |
| | sembrare | macchina |

1. _____
2. _____
3. _____
4. _____
5. _____

**6   I gusti sono gusti!** Rispondi alle seguenti domande usando il verbo della domanda.

1. Quali sono le cose che ti piacciono di più del luogo in cui vivi?
   _____
2. Dove ti piacerebbe passare le vacanze e perché?
   _____
3. Qual è la cosa che ti dispiace di più in un rapporto di amicizia?
   _____
4. Ti è mai dispiaciuto di aver fatto qualcosa? Racconta.
   _____
5. Qual è stato il regalo che ti è piaciuto di più e perché?
   _____

## 2.3 Possessive pronouns and adjectives

**1** **Ricordi di un tempo** Completa il paragrafo inserendo gli aggettivi o i pronomi possessivi appropriati. Decidi tu se usare o no l'articolo. Se decidi di usarlo, ricordati di combinarlo con la preposizione.

Quando ero piccola (1) _____ genitori mi portavano sempre a passare il fine settimana dai nonni, (2) (in) _____ casale in campagna. (3) _____ nonna passava con me tutta la giornata: mi leggeva le favole (4) (di) _____ scrittore preferito e mi raccontava aneddoti divertenti (5) (di) _____ gioventù, quando ancora viveva con (6) _____ genitori, (7) _____ bisnonni. A volte andavamo (8) (da) _____ amiche e facevamo lunghe passeggiate per i campi o lungo il fiume. (9) (A) _____ nonno, invece, stavano a cuore (10) _____ conigli (*rabbits*) e (11) _____ galline (*hens*). Nonna si divertiva a prenderlo in giro (*make fun of him*) per questo: lo chiamava «san Francesco», perché parlava con gli animali come il santo di Assisi. Poi il casale è stato venduto e trasformato in un costosissimo agriturismo. Peccato! (12) (A) _____ figlie piacerebbe tanto trascorrere una giornata lì con (13) _____ amiche e (14) _____ giochi!

**2** **Di chi è...?** Crea sei brevi dialoghi usando gli elementi a disposizione, come nel modello.

> **Modello**
> tu / CD / lei
> —Questi sono i tuoi CD?
> —No, sono i suoi.

1. io / foto / io

_____

_____

2. noi / computer / lei

_____

_____

3. tu / macchina / lui

_____

_____

4. lui / valige / noi

_____

_____

5. voi / scarpe / lei

_____

_____

6. loro / cellulare / io

_____

_____

Workbook

**3** **Notizie dall'Italia** Un amico italiano che andrai a trovare questa estate ti ha inviato le foto della sua famiglia. Guardale e per ogni foto scrivi due domande da fare al tuo amico per capire meglio chi sono queste persone. Usa gli aggettivi e i pronomi possessivi.

**Modello**

Questa è tua nonna? Abiti lontano da casa sua?

1.
_____
_____

2.
_____
_____

3.
_____
_____

4.
_____
_____

5.
_____
_____

6.
_____
_____

**4** **Da quanto tempo!** Scrivi un'e-mail ad un amico/un'amica e racconta qualche novità sulla tua famiglia. Usa almeno dodici aggettivi o pronomi possessivi.

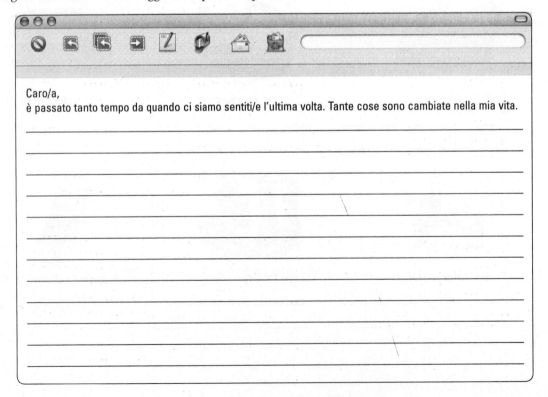

Caro/a,
è passato tanto tempo da quando ci siamo sentiti/e l'ultima volta. Tante cose sono cambiate nella mia vita.
_____
_____
_____
_____
_____
_____
_____
_____
_____
_____
_____
_____

## 2.4 Demonstratives; order of adjectives

**1**    **Che sfortuna!** Luca si è trasferito da poco in un nuovo quartiere, ma non è molto contento. Completa l'e-mail di Luca a Duccio, usando gli aggettivi e i pronomi dimostrativi appropriati.

> Caro Duccio,
>
> (1) _____ è una lettera malinconica (*melancholic*), ti avverto (*I warn you*).
> Ti scrivo dal mio nuovo appartamento nella periferia di Roma: orrendo! Ho deciso di trasferirmi in
> (2) _____ quartiere un anno fa perché (3) _____ appartamento era più vicino al lavoro, mentre
> (4) _____ di prima, in centro, era bello ma scomodo. Il problema è che la mia azienda (ti ricordi?
> (5) _____ che spesso mi mandava all'estero…) ha chiuso, ed ora sono senza lavoro e in periferia!
> (6) _____ ragazza che abitava di fronte a casa mia, Lorena, mi manca tantissimo! E anche
> (7) _____ odore di caffè che la mattina entrava attraverso la mia finestra dal bar di fronte! Tutti
> (8) _____ locali che frequentavo con i miei amici qui non ci sono, però la campagna è a due passi e
> (9) _____ aria sporca e pesante del centro qui non c'è. Dovrei essere contento?
> Chissà, forse un giorno capirò che le cose importanti sono (10) _____ che apprezziamo di meno…
> Chiamami, quando passi da (11) _____ parti! Ciao, Luca.

**2**    **Che brutto!** È passato qualche mese, ma Luca ancora non è convinto del suo nuovo quartiere. Scrive un'altra e-mail disperata a Duccio, parlandogli dello squallore della zona in cui vive. Scrivi l'e-mail usando gli aggettivi della lista a sinistra per descrivere i luoghi e le cose della lista di destra.

**Modello**

C'è una piccola fontana all'angolo della strada. Non mi piace affatto questa fontana!

| | | | | | |
|---|---|---|---|---|---|
| vecchio | cattivo | pericoloso | fontana | strade | negozio |
| caro | piccolo | scuro (*dark*) | marciapiede | autobus | palazzo |
| brutto | sporco | | strisce pedonali | macchina | |

_____

_____

_____

_____

_____

**3**    **La periferia e il centro storico** Guarda le immagini e, per ognuna, scrivi un paragrafo per descrivere il tipo di edificio (*building*) e i suoi dintorni. Usa le parole della lista e la tua creatività.

| | |
|---|---|
| bello | nuovo |
| brutto | piccolo |
| caldo | povero |
| fresco | ricco |
| grande | rumoroso |
| moderno | tranquillo |

1. _____     2. _____

    _____         _____

    _____         _____

    _____         _____

Workbook

## COMPOSIZIONE

### 1° passo

Sei in un'agenzia immobiliare che ti sta aiutando a cercare casa. Per prima cosa, ti chiede di compilare la scheda qui sotto per conoscere le tue preferenze.

| Luogo (città, campagna...) | Posizione (centro, periferia...) | Descrizione del quartiere (storico, moderno, silenzioso...) | Descrizione dell'abitazione (numero di stanze, disposizione, aria condizionata...) | Servizi (vicinanza alla fermata dell'autobus, al supermercato...) | Altro |
|---|---|---|---|---|---|
| | | | | | |

### 2° passo

L'agenzia ha fatto un ottimo lavoro: finalmente abiti nella tua casa ideale! Sulla base delle informazioni da te fornite nella tabella qui sopra, scrivi ora un breve componimento, osservando i seguenti suggerimenti:

- Descrivi i dintorni della tua abitazione: cosa ti piace? Cosa non ti piace?
- Dì chi vive con te: qualche tuo parente? Qualche amico? Oppure il tuo gatto?
- Descrivi come passi la giornata nel tuo nuovo quartiere: dove vai? Cosa fai? Come hai organizzato il tuo tempo? Come interagisci con lo spazio e la gente intorno a te?
- Infine, aggiungi una breve conclusione: ti piace di più vivere in questa casa o in quella in cui abitavi prima? Perché?

_____

_____

_____

_____

_____

_____

_____

_____

_____

_____

Workbook

## PER COMINCIARE

# Lezione 3

**1** **Al negozio d'abbigliamento** Completa la conversazione con le parole appropriate della lista.

| | | | |
|---|---|---|---|
| abito da sera | moda | raffinato | tacchi alti |
| firmato | prima | saldi | vestito |

**COMMESSA** Buon giorno, posso aiutarti?

**PATRIZIA** Sì, grazie, vorrei un (1) _____, per la (2) _____ a teatro.

**COMMESSA** Allora ci vuole un (3) _____ (4) _____?

**PATRIZIA** Mah, l'importante è che sia alla (5) _____.

**COMMESSA** Questo è (6) _____ ed elegante. Secondo me è l'ideale per una serata importante.

**PATRIZIA** Va bene, lo provo.

**COMMESSA** Ti sta benissimo, basta aggiungere un bel paio di scarpe con i (7) _____ e sarai perfetta!

**PATRIZIA** Lo prendo. Quanto costa?

**COMMESSA** In questo periodo ci sono i (8) _____ e su questo vestito c'è il 30% di sconto.

**PATRIZIA** Che bello! Sono veramente fortunata!

**2** **Attività** Descrivi cosa fanno le persone nelle foto con almeno due frasi. Utilizza le parole della lista.

| | | |
|---|---|---|
| allenarsi | fare la coda | il biglietto |
| andare in palestra | ferirsi | l'escursionismo |
| da non perdere | gruppo musicale | scalare |

1.   2.   3.

1. _____

_____

2. _____

_____

3. _____

_____

**3** **Il tempo libero** Descrivi cosa fai la sera durante la settimana di diverso dal fine settimana. Utilizza le parole imparate in questa lezione.

_____

_____

_____

_____

## CORTOMETRAGGIO

# Bulli si nasce

In questa scena del Cortometraggio *Bulli si nasce*, i genitori di Alex vanno dal dottore per sapere se avranno un maschio o una femmina. Come si sentono prima di andare dal dottore? Perché? Che speranze e aspettative hanno? Come si sentono quando escono dal dottore? Perché?

_____

_____

_____

_____

_____

_____

_____

_____

_____

_____

_____

_____

_____

## IMMAGINA

# Toscana e Firenze

Rispondi alle domande con frasi complete.

1. Quali sono alcune caratteristiche del Battistero in piazza Duomo a Firenze?

_____

2. Che importanza ha Palazzo Vecchio nella vita di Firenze?

_____

3. Che tipo di opere d'arte sono conservate a Palazzo Pitti e nella Cappella Brancacci?

_____

4. Che cosa produceva l'azienda Piaggio all'inizio della sua attività?

_____

5. Quali sono le caratteristiche per cui l'isola d'Elba è famosa oltre alla bellezza dei suoi panorami?

_____

## STRUTTURE

## 3.1 The *passato prossimo* with *avere* and *essere*

**1** **Preparativi** Michela e Francesca stanno organizzando una vacanza. Completa le frasi mettendo i verbi tra parentesi al passato prossimo.

**MICHELA** Vediamo se (1) _____ (noi/fare) tutto. Tu (2) _____ (prenotare) l'albergo?

**FRANCESCA** Sì, e (3) _____ (fare) le valige e (4) _____ (mettere) tutto in macchina. E tu (5) _____ (andare) in centro?

**MICHELA** Sì, (6) _____ (passare) al supermercato e (7) _____ (comprare) qualcosa da mangiare per il viaggio.

**FRANCESCA** (8) _____ (tu/dire) a Sara a che ora partiamo?

**MICHELA** Siiiii!

**2** **Ieri** Marina racconta cosa hanno fatto lei e i suoi amici ieri. Forma delle frasi al passato prossimo con gli elementi forniti.

> **Modello**
> Marta guardare / un film
> **Marta ha guardato un film.**

Paola          1. andare / palestra _____

                2. leggere / un romanzo _____

Io e Marco   3. giocare / biliardino _____

                4. mangiare / un gelato _____

Tu e Giorgio  5. bere / un caffè _____

                6. partire / un viaggio _____

**3** **Cosa hanno fatto?** Descrivi i disegni usando le parole della lista.

> **Modello**
> *Silvia e Romeo si sono sposati.*

Silvia e Romeo

arrabbiarsi   comprare   piacere   sposarsi   vincere alla lotteria

Sig.ra Luisa

Sig. Aldo

Anna e Alfredo

Maria

_____     _____     _____     _____

_____     _____     _____     _____

Workbook

**4 Accordi** Completa le frasi con la forma giusta del participio passato del verbo tra parentesi.

> **Modello**
>
> Mario non ha portato i libri perché non li ha **trovati** (trovare).

1. Ho preso le zucchine e le ho _____ (cucinare) al forno.

2. I ragazzi hanno fatto i compiti e li hanno _____ (consegnare) al professore.

3. Giulia ha dipinto un quadro e lo ha _____ (vendere) alla galleria d'arte.

4. Noi abbiamo comprato i fiori e li abbiamo _____ (regalare) alla nonna.

5. Voi avete cucinato la pizza e l'avete _____ (mangiare) per cena.

6. Tu hai incontrato Sara e l'hai _____ (presentare) a Piero.

**5 Il fine settimana** Descrivi il fine settimana delle seguenti persone, usando almeno tre frasi per ciascuno di loro.

1. Mario e Francesco, 22 anni _____

_____

_____

2. La nonna, 80 anni _____

_____

_____

3. Carla, 38 anni _____

_____

_____

**6 L'estate scorsa** Scrivi almeno sei frasi per raccontare cosa hai fatto l'estate scorsa, da solo/a o con gli amici.

_____

_____

_____

_____

_____

_____

_____

_____

_____

_____

_____

_____

**24** **Lezione 3** Workbook

## 3.2 The *imperfetto*

**1** **Ricordi** Alberto ricorda cosa faceva quando aveva più tempo libero. Completa il brano con i verbi tra parentesi all'imperfetto.

Sono molto soddisfatto del mio lavoro, ma purtroppo non mi lascia molto tempo libero. Prima di iniziare a lavorare in questa ditta (1) _____ (lavorare) in un piccolo studio privato, non (2) _____ (guadagnare) tanto ma (3) _____ (avere) molto tempo libero. Il venerdì sera (4) _____ (andare) al bar e (5) _____ (incontrare) gli amici; insieme (6) _____ (bere) un aperitivo e poi (7) _____ (andare) a cena. Il sabato (8) _____ (fare) delle lunghe passeggiate al mare e poi (9) _____ (leggere) tutto il pomeriggio. La sera, spesso i miei amici (10) _____ (venire) a casa mia a guardare un film. Alcune volte mi mancano quei momenti!

**2** **Da bambini** Queste persone già da bambini mostravano quale sarebbe stata la loro professione. Completa le frasi mettendo i verbi all'imperfetto.

> **Modello**
>
> Ettore fa l'architetto. Da bambino (costruire) *costruiva case con il lego.*

1. Vittoria fa la maestra. Da bambina (insegnare) _____.

2. Cristiano fa lo scrittore. Da bambino (scrivere) _____.

3. Diana fa la ballerina. Da bambina (ballare) _____.

4. Mauro fa il dottore. Da bambino (aiutare) _____.

5. Paola e Chiara fanno le cantanti. Da bambine (cantare) _____.

6. Giulio e Luca fanno i cuochi. Da bambini (cucinare) _____.

**3** **Allo stadio** Utilizza l'imperfetto per descrivere alcuni eventi. Tieni in considerazione le seguenti domande.

- Com'era il tempo?
- Chi c'era con te?
- Cosa indossavi?
- Cosa facevi mentre guardavi lo spettacolo?
- Cosa faceva la gente intorno a te?
- Chi partecipava all'evento?

| **Evento:** partita di calcio o football americano | **Evento:** concerto rock |
|---|---|
| Descrizione: _____ | Descrizione: _____ |
| _____ | _____ |
| _____ | _____ |
| _____ | _____ |
| _____ | _____ |
| _____ | _____ |

Workbook

## 3.3 The *passato prossimo* vs. the *imperfetto*

**1** **Interruzioni** Completa le frasi mettendo i verbi tra parentesi all'imperfetto o al passato prossimo.

> **Modello**
> Alessia *camminava* (camminare) per la strada quando *ha visto* (vedere) Andrea Bocelli.

1. Noi _____ (mangiare) quando voi _____ (telefonare).
2. I ragazzi _____ (giocare) a calcio quando Roberto _____ (ferirsi).
3. Valentina _____ (ascoltare) la musica quando _____ (sentire) un rumore.
4. Voi _____ (dormire) quando noi _____ (tornare) a casa.
5. Tu _____ (guidare) quando un gatto _____ (attraversare) la strada.
6. Le bambine _____ (disegnare) quando la mamma _____ (portare) la merenda.

**2** **Cosa accadeva** Le seguenti persone ricordano cosa facevano in un determinato momento. Completa le frasi mettendo il verbo tra parentesi all'imperfetto e/o al passato prossimo.

> **Modello**
> Da giovane *passavo* (passare) le vacanze al mare,
> l'anno scorso *sono andato* (andare) in montagna.

1. Di solito _____ (bere) caffè la mattina; una volta _____ (ordinare) un tè.
2. Mentre io _____ (cucinare), _____ (guardare) la TV.
3. Quando Carla _____ (essere) giovane, _____ (andare) a vivere in Francia.
4. Quando Paolo _____ (avere) 10 anni, _____ (essere) molto timido.
5. Noi _____ (studiare); d'un tratto _____ (ricordarsi) del nostro appuntamento.

**3** **Descrizioni** Descrivi cosa facevano le persone nelle foto quando qualcosa è accaduto. Utilizza le parole della lista e i verbi al passato prossimo e imperfetto.

> **Modello**
> Nicola *pescava* quando *è caduto* nell'acqua.

| bloccarsi il bancomat | farsi male | partire | ritirare i soldi |
| camminare | incontrare | perdere il biglietto | salire |

1. _____

2. _____

3. _____

4. _____

_____   _____   _____   _____

_____   _____   _____   _____

**4** **I doveri** Forma delle frasi con gli elementi forniti.

> **Modello**
>
> Maria / volere / andare / ma dovere / restare
> Maria *voleva andare in palestra ma è dovuta restare a casa.*

1. Io / potere / uscire / ma volere / passare del tempo

   _____

2. Federico / dovere / lavorare / ma volere / incontrare

   _____

3. Noi / potere / partire / ma dovere / aspettare

   _____

4. Voi / dovere / pulire / ma volere / uscire

   _____

5. Tu / volere / fare / ma dovere / studiare

   _____

6. Matilde e Arianna / potere / vincere / ma non volere / partecipare

   _____

**5** **Incredibile!** Usa l'immaginazione per raccontare l'incredibile storia successa a Martina il mese scorso. Utilizza almeno cinque verbi da ogni lista.

- **Eventi:** fare una passeggiata, incontrare, parlare, andare al bar, vedere, sentire, uscire, tornare, trovare, venire.
- **Dettagli/ambiente:** fare bel tempo, fare brutto tempo, esserci, andare, guardare, avere, fare, bere, portare, stare.

_____

_____

_____

_____

**6** **La scuola elementare** Racconta qualcosa che ti è successo quando frequentavi la scuola elementare. Utilizza le espressioni delle due liste e i verbi al passato prossimo e/o imperfetto.

| una volta | all'improvviso | di solito | spesso |
| in quel momento | ad un tratto | mentre | ogni giorno |
| | | sempre | ogni settimana |

_____

_____

_____

_____

_____

_____

Workbook

# 3.4 The *passato remoto*

**1** **Trasformazione** Riscrivi le frasi mettendo i verbi al passato prossimo.

1. Susanna fece una sciocchezza.

_____

2. Noi stemmo tutto il giorno in casa.

_____

3. Tu bevesti un succo di frutta scaduto.

_____

4. Voi diceste una bugia.

_____

5. Io fui contenta di rivederti.

_____

6. Loro diedero una mano ai vicini di casa.

_____

_____

**2** **Dante Alighieri** Completa il brano mettendo i verbi tra parentesi al passato remoto.

Dante (1) _____ (nascere) a Firenze nel 1265. La sua famiglia apparteneva alla piccola

nobiltà e non aveva tanti soldi, ma Dante (2) _____ (frequentare) gli ambienti eleganti e

intellettuali della città e (3) _____ (studiare) retorica. Fin da giovane si (4) _____

(interessare) di poesia e (5) _____ (iniziare) a creare piccoli componimenti. A nove anni

(6) _____ (incontrare) Beatrice e se ne (7) _____ (innamorare). Lei

(8) _____ (essere) l'amore della sua vita e la sua morte prematura lo (9) _____

(portare) allo studio della filosofia. Dante (10) _____ (avere) una carriera politica che

lo (11) _____ (portare) all'esilio. (12) _____ (morire) a Ravenna nel 1321.

La sua opera maggiore è la *Divina Commedia*.

**3** **Personaggi storici** Completa le frasi mettendo i verbi tra parentesi al passato remoto.

1. Dante _____ (scrivere) la *Divina Commedia*.

2. Lorenzo de' Medici _____ (nascere) a Firenze nel 1449.

3. Leonardo da Vinci _____ (dipingere) la Gioconda.

4. Maria Montessori _____ (crescere) a Roma.

5. Guglielmo Marconi _____ (vincere) il premio Nobel per la fisica nel 1909.

6. Romolo _____ (uccidere) Remo.

7. Garibaldi _____ (sposare) Anita.

8. Cristoforo Colombo _____ (scoprire) l'America.

**4** **Cosa accadde?** Luigi e Antonio sono di Palermo e parlano della disavventura che è capitata ad Antonio. Completa la conversazione usando i verbi della lista e mettendoli al passato remoto.

| | | | | |
|---|---|---|---|---|
| alzarsi | chiedere | dire (2) | offrire | tornare |
| bere | cominciare | fare (2) | succedere | vedere |

**ANTONIO** Non puoi immaginare cosa mi (1) _____ la settimana scorsa.

**LUIGI** Che cosa?

**ANTONIO** Ero al bar a fare colazione quando (2) _____ una signora che si avvicinava.

**LUIGI** Era bella?

**ANTONIO** Bellissima! La signora mi (3) _____ se poteva sedersi al mio tavolo.
Le (4) _____ di sì e le (5) _____ qualcosa da bere.

**LUIGI** E bravo Antonio!

**ANTONIO** (6) _____ a parlare, lei mi (7) _____ molte domande, ma
(8) _____ poco di sé, (9) _____ un caffè insieme e poi io
(10) _____ per andare a pagare il conto. Quando (11) _____
al tavolo, la signora era sparita e con lei il mio computer portatile!

**LUIGI** Ma Antonio, come (12) _____ a fidarti di una che non conosci… e poi il computer lo potevi lasciare in macchina!

**5** **Eventi** Quale fu l'evento del secolo? Scegli l'evento più importante di ogni secolo e descrivilo.

> **Modello**
>
> La scoperta dell'America fu l'evento più importante del XV secolo. Cristoforo Colombo partì da Palos nell'agosto del 1492. Due mesi dopo arrivò in una piccola isola delle Bahamas e pensò di essere arrivato in India. Per questo motivo chiamò gli abitanti «indiani».

1. XVIII secolo – Rivoluzione Francese / Nascita degli Stati Uniti d'America / ?
2. XIX secolo – Carestia (*famine*) in Irlanda / Guerra di secessione americana / ?
3. XX secolo – Italia diventa Repubblica / Seconda guerra mondiale / ?

_____

_____

_____

_____

_____

_____

**6** **Biografia** Scrivi la storia di Donato e Rosa usando i verbi al passato remoto.

_____

_____

_____

_____

_____

Workbook

## COMPOSIZIONE

### 1° passo

Leggi il sogno di Marina e completa la scheda in basso inserendo le frasi nella categoria appropriata.

Era una bellissima giornata d'estate. Nell'aria c'era il profumo dei fiori e del mare. Faceva caldo, ma era piacevole. Intorno a me tutto era come un paradiso: c'erano piante bellissime, piene di fiori, e animali stranissimi. Io ero molto felice e mi sentivo piena di vita. Ad un tratto ho visto avvicinarsi un animale. Non riuscivo a capire che tipo di animale fosse. Era molto strano, però sembrava gentile. Mi ha leccato la mano e mi ha guardata come se volesse dire che lo seguissi. E così ho fatto. L'ho seguito fino ad una bellissima cascata (*waterfall*). Non conoscevo il posto, però mi sentivo a casa. Ho toccato l'acqua, era calda. A quel punto ho deciso di fare un bagno… In lontananza un rumore strano si faceva sempre più fastidioso… poi l'ho riconosciuto: era la mia sveglia che suonava e che mi diceva di alzarmi… Era stato tutto un sogno!

| Descrizioni | Sentimenti | Eventi | Interruzioni |
|---|---|---|---|
| Era una bellissima giornata d'estate. | | | |
| | | | |
| | | | |

### 2° passo

Ora tocca a te. Descrivi un tuo sogno o qualcosa di strano che ti è successo in passato. Utilizza il passato prossimo, l'imperfetto e le espressioni di tempo che li reggono.

- Dov'eri? Descrivi in dettaglio il luogo.
- Com'era il tempo?
- Chi c'era?
- Cosa è successo?

_____
_____
_____
_____
_____
_____
_____
_____
_____
_____

**PER COMINCIARE**         # Lezione 4

Workbook

**1**   **L'immigrazione** Completa l'articolo di giornale sull'immigrazione con la forma giusta delle parole nel riquadro.

| | | | |
|---|---|---|---|
| combattere | difendere | dittatura | ingiustamente |
| dedicarsi | diritti umani | immigrazione | oppresso |

## L'ONU accusa l'Italia

L'Italia è accusata dall'ONU di violare (1) _____ fondamentali e di avere
(2) _____ abbandonato e respinto immigrati senza verificare se tra di loro ci fossero persone perseguitate nel loro paese.
Ma l'Italia (3) _____ la propria politica dicendo che ha salvato molte vite umane nel Mediterraneo e che sta solo cercando di (4) _____ l'(5) _____ clandestina.
Secondo alcuni politici l'ONU dovrebbe (6) _____ a quei paesi dove regna una
(7) _____ che costringe i propri cittadini (8) _____ a esodi di massa (*mass exodus*).

**2**   **L'articolo** Utilizza le parole elencate per scrivere sei brevi titoli di giornale.

| | | | |
|---|---|---|---|
| l'avvocato | lo scandalo | abusare | governare |
| la criminalità | il terrorismo | approvare una legge | imprigionare |
| la democrazia | il testimone | combattere | promuovere |
| la dittatura | l'uguaglianza | difendere | salvare |
| il giudice | la violenza | eleggere | spiare |

1. _____
2. _____
3. _____
4. _____
5. _____
6. _____

**3**   **La politica** Immagina di essere intervistato/a da un giornalista. Rispondi alle seguenti domande.

1. Secondo te gli studenti di oggi sono politicamente impegnati? Perché sì? Perché no?
   _____

2. Cosa pensate tu e i tuoi amici del governo che è in carica nel tuo paese in questo momento?
   _____

3. In base a cosa scegli il partito e/o il candidato da votare?
   _____

4. I politici del tuo paese si occupano dei problemi dei giovani?
   _____

5. Ci sono scandali politici nel tuo paese? Qual è stato il più recente?
   _____

    

## CORTOMETRAGGIO

# Mare nostro

Lo sbarco di clandestini sulle coste del Sud Italia è una realtà quasi quotidiana. Il Cortometraggio *Mare nostro* racconta una storia di coraggio e altruismo. Marcello, durante un'immersione subacquea, non trova più la barca e il suo compagno. Chi trova invece? Cosa fanno? Cosa promette di fare Marcello? Secondo te, che cosa spinge Marcello a fare questa promessa? Consideri la sua reazione normale? Come pensi che cambieranno la vita di Marcello e quella del naufrago dopo questo episodio?

_____

_____

_____

_____

_____

_____

_____

_____

## IMMAGINA

# Milano e Lombardia

Completa le frasi.

1. *Mediolanum* era il termine usato dai Romani per descrivere _____

   _____ .

2. Migliaia di persone vanno a Milano ogni giorno per _____

   _____ .

3. Una delle industrie principali per cui Milano è famosa nel mondo è _____

   _____ .

4. Per il cibo, Milano è famosa per _____

   _____ .

5. Il Gorgonzola prende il suo nome da _____

   _____ .

6. Il Lago di Garda è famoso per _____

   _____ .

**STRUTTURE**

## 4.1 The *trapassato prossimo* and the *trapassato remoto*

**1** **Situazioni** Completa gli appunti di un giornalista scegliendo la forma corretta del verbo tra le possibilità indicate.

1. L'imputato pianse di gioia quando _____ (era rilasciato / fu rilasciato).
2. Ho letto quell'articolo che mi _____ (avevi consigliato / avesti consigliato).
3. I parlamentari discussero non appena _____ (avevano letto / ebbero letto) le nuove proposte.
4. Il presidente ci rimproverò non appena _____ (eravamo arrivati / fummo arrivati).
5. Il giornalista _____ (aveva già conosciuto / ebbe già conosciuto) il politico che doveva intervistare.
6. La polizia arrivò dopo che i ladri _____ (erano spariti / furono spariti).
7. I poliziotti capirono la gravità della situazione non appena _____ (erano entrati / furono entrati).
8. Il giudice emise la sentenza (*ruled*) quando _____ (aveva ascoltato / ebbe ascoltato) i testimoni.

**2** **L'avvocato** Carla Ferri parla della sua carriera d'avvocato. Completa il brano con i verbi al trapassato prossimo.

Fin da piccola mi sono sempre battuta per le persone più deboli e in difficoltà. (1) _____ (scegliere) di studiare legge prima ancora di iniziare la scuola. Mi sono trasferita a Roma dopo che (2) _____ (laurearsi) in giurisprudenza e ho iniziato subito a lavorare per un famoso studio legale della città. Non (3) _____ (compiere) 27 anni quando ho ricevuto un premio per il lavoro che (4) _____ (fatto) in difesa di una rifugiata politica. Ho capito che (5) _____ (fare) un buon lavoro e che (6) _____ (prendere) la strada giusta. Oggi dopo tanti anni di lavoro sono felice di aver scelto questa carriera.

**3** **Prima e dopo** Riscrivi le frasi usando il trapassato remoto. Segui il modello.

> **Modello**
>
> Prima Filippo torna a casa e poi telefona ai suoi genitori.
> Appena Filippo fu tornato a casa, telefonò ai suoi genitori.

1. Prima arrivano i carabinieri e poi i criminali liberano gli ostaggi.

   _____

2. Prima prendono i soldi e poi i ladri abbandonano l'auto rubata.

   _____

3. Prima entra nel paese e poi il clandestino chiede asilo politico.

   _____

4. Prima ascoltano i candidati e poi i membri del partito votano il rappresentante.

   _____

5. Prima rientriamo e poi chiamiamo l'avvocato.

   _____

6. Prima esce di prigione e poi scrive al giornale.

   _____

Workbook

**4** **Spiegazioni** Completa le frasi pronunciate al commissariato di polizia (*police station*) da alcuni testimoni, usando il trapassato prossimo. Puoi usare le parole suggerite nel riquadro.

> **Modello**
>
> Abbiamo partecipato alla manifestazione perché un *politico* ci *aveva invitato*.

| | | | |
|---|---|---|---|
| avvocato | politico | abusare | imprigionare |
| criminale | terrorista | approvare | perdere |
| giudice | testimone | combattere | promuovere |
| ladro/a | vittima | giudicare | vincere |

1. La giuria era furiosa perché _____.
2. Non hanno raccontato tutto perché _____.
3. Ha scritto al giornale perché _____.
4. Hai difeso l'accusato perché _____.
5. La polizia ha arrestato i dimostranti perché _____.
6. I cittadini hanno protestato perché _____.

**5** **Traguardi** Dì quali traguardi (*goals*) avevate già o non avevate ancora raggiunto ad una certa età tu e i membri della tua famiglia. Segui il modello.

> **Modello**
>
> 16 / io A sedici anni avevo già imparato a guidare. / A sedici anni non avevo ancora imparato a guidare.

1. 25 / i miei genitori _____ 
   _____
2. 15 / mia sorella _____ 
   _____
3. 21 / mia nonna _____

4. 3 / io _____
5. 35 / mio nonno _____
6. 18 / mio cugino _____

**6** **Articolo** Scrivi il primo paragrafo di un articolo giornalistico. Scegli tra i tre titoli possibili e utilizza almeno cinque o sei verbi al trapassato prossimo.

- Politico corrotto arrestato nella sua lussuosa villa.
- Organizzata manifestazione contro la riforma scolastica.
- Il governo ha approvato una nuova legge sull'immigrazione.

> **Modello**
>
> I membri del governo hanno approvato una nuova legge sull'immigrazione che avevano dibattuto per tre mesi senza sosta. I deputati socialisti si sono astenuti perché…

_____
_____
_____
_____
_____

## 4.2 Object pronouns: combined pronouns

**1**  **Al lavoro** Scegli il pronome giusto per completare le frasi pronunciate in un ufficio dalle persone che ci lavorano.

1. Signor Fontana, _____ (La/gli) prego di contattare il mio assistente.

2. Prima di andare a casa, _____ (mi/le) deve firmare questo documento.

3. Finisco di scrivere e poi _____ (lo/ti) mando la relazione.

4. Cerchiamo i nomi dei testimoni e _____ (li/gli) contattiamo.

5. Ora non ho tempo, devo incontrare l'avvocato e _____ (gli/La) devo comunicare le novità.

6. Signora Muti, quando viene alla riunione _____ (Le/La) spiego tutto.

7. Quando mando un fax stampo sempre la conferma e _____ (la/lo) metto da parte (*set aside*).

8. Il direttore vuole che noi prepariamo il rendiconto e che _____ (lo/gli) presentiamo al convegno.

**2**  **Il regalo** Marina e Carlo escono per comprare un regalo alla loro amica Laura. Completa il dialogo con i pronomi diretti e indiretti.

**MARINA** Oggi è il compleanno di Laura e ancora non (1) _____ ho comprato niente!

**CARLO** Davvero? (2) _____ avevo completamente dimenticato! Cosa (3) _____ regaliamo?

**MARINA** Non so, che ne dici se prendiamo un CD di Tiziano Ferro?

**CARLO** Mah, non so se (4) _____ troviamo, alla TV hanno detto che è andato a ruba (*sold like crazy*)!

**MARINA** Allora (5) _____ possiamo comprare una borsa. (6) _____ prendiamo elegante?

**CARLO** Secondo me, (7) _____ preferisce sportiva. Comunque (8) _____ può sempre cambiare se non (9) _____ piace.

**MARINA** Ho un idea, compriamo un paio d'orecchini, (10) _____ porta sempre!

**CARLO** Mah, forse è un regalo troppo personale!

**3**  **In tribunale** Il giudice chiede alla sua assistente se ha completato i compiti che le aveva affidato. Rispondi alle domande usando i pronomi diretti o indiretti. Fai attenzione agli accordi!

1. Ha telefonato all'avvocato Marini?

   _____

2. Ha spedito le lettere?

   _____

3. Ha contattato i giornalisti?

   _____

4. Ha informato la testimone?

   _____

5. Ha scritto ai membri della giuria?

   _____

6. Ha mandato il fax?

   _____

**4  Cosa succede** Riscrivi le frasi utilizzando i pronomi combinati.

> **Modello**
>
> Il presidente ha dato i documenti ai ministri.
> Il presidente *glieli ha dati.*

1. Il primo ministro spiega ai deputati la situazione economica.

   Il primo ministro _____.

2. Il testimone racconta alla giuria la sua versione dei fatti.

   Il testimone _____.

3. La polizia fa la multa a me e ai miei amici.

   La polizia _____.

4. La professoressa chiarisce a te e agli altri studenti i vostri dubbi.

   La professoressa _____.

5. Il generale dà gli ordini all'esercito.

   Il generale _____.

6. L'avvocato insegna a me il suo metodo di lavoro.

   L'avvocato _____.

7. La presidente si è messa il cappotto.

   La presidente _____.

8. La deputata si è dimenticata i documenti.

   La deputata _____.

**5  Allo studio legale** Stai facendo pratica per diventare avvocato. Rispondi alle domande che ti fa il tuo superiore con i pronomi combinati. Attenzione agli accordi!

> **Modello**
>
> Hai preparato i documenti per la direttrice?
> Sì, *glieli ho preparati.*

1. Hai stampato il contratto per l'avvocato? _____

2. Hai mandato i certificati alla signora Parisi? _____

3. Hai aggiornato i documenti per il signor Bianchi? _____

4. Hai spedito le lettere ai clienti? _____

5. Ti sei ricordato di leggere gli appunti? _____

6. Hai prenotato l'albergo per l'avvocato? _____

7. Ti sei preparato le fotocopie per l'incontro? _____

8. Hai fatto il caffè per me? _____

**6  Domande personali** Rispondi alle seguenti domande utilizzando i pronomi combinati.

1. Ti ricordi i compleanni dei tuoi amici?

   _____

2. Chiedi un consiglio ai tuoi genitori?

   _____

3. Presti i tuoi CD ai tuoi amici?

   _____

4. Spieghi i tuoi dubbi ai tuoi amici?

   _____

5. Ti prepari la cena da solo/a?

   _____

6. Fai guidare la tua macchina a tuo fratello/ tua sorella?

   _____

# 4.3 The imperative

**1** **La nuova direttrice** Una nuova direttrice di giornale dà ordini ai suoi collaboratori. Forma delle frasi con gli elementi forniti.

**Modello**

(Fare) _Fate_ fotografie agli attori famosi.

• Ai fotografi (voi).
1. (Andare) _____ nei locali famosi.
2. (Tenere) _____ la macchina fotografica pronta.
3. (Non passare) _____ tutto il tempo in spiaggia.

• Al giornalista (tu).
4. (Scrivere) _____ un articolo sulla mostra del cinema.
5. (Fare) _____ un'intervista a un'attrice famosa.
6. (Non preparare) _____ articoli troppo lunghi.

• Proprietario della casa editrice (Lei).
7. (Trovare) _____ i soldi per il giornale.
8. (Dare) _____ una festa per gli investitori.
9. (Non regalare) _____ abbonamenti (*subscriptions*).

• A tutti i partecipanti alla riunione inclusa lei (noi).
10. (Pensare) _____ a nuove idee.
11. (Lavorare) _____ con passione.
12. (Non ripetere) _____ gli stessi errori.

**2** **Da consigli a comandi** Trasforma i consigli in comandi usando l'imperativo formale e informale.

**Modello**

Dovremmo andare al cinema. **Andiamo al cinema.**

1. Dovete partecipare alla manifestazione. _____
2. Dobbiamo votare per il candidato liberale. _____
3. Lei deve accettare le opinioni degli altri. _____
4. Devi ascoltare cosa dice il direttore. _____
5. Devi difendere gli oppressi. _____

**3** **Cotoletta alla milanese** Un tuo caro amico ti ha dato la ricetta di un tipico piatto della Lombardia. Completa la ricetta mettendo i verbi all'imperativo. Utilizza i pronomi diretti e indiretti se necessario.

**Modello**

_prendi_ (prendere) la farina

| Ingredienti: | Ricetta: |
|---|---|
| 4 fettine (*cutlet*) di vitello | (1) _____ (Prendere) la farina e (2) _____ (mettere la farina) in un piatto. (3) _____ (rompere) un uovo, (4) _____ (mettere l'uovo) in un piatto e (5) _____ (sbattere l'uovo). (6) _____ (Prendere) il pane grattugiato |
| 1 uovo | e (7) _____ (versare il pane grattugiato) in un piatto. (8) _____ (Mettere) un po' di sale sopra ogni fettina, (9) _____ (passare) le fettine nella farina, |
| farina | poi nell'uovo e infine nel pane grattugiato. (10) _____ (Versare) l'olio in una padella |
| pane grattugiato | e (11) _____ (scaldare l'olio). (12) _____ (Immergere) le fettine nell'olio, (13) _____ (girare le fettine) e (14) _____ (lasciare le fettine) dorare. |
| olio | (15) _____ (Mettere) la carne su un piatto con carta assorbente e |
| sale | (16) _____ (decorare la carne) con una fettina di limone. |

**4**   **Favori** Tuo padre o tua madre ti chiedono dei favori. Completa le frasi con l'imperativo e i pronomi se necessario.

> **Modello**
>
> Bevi il latte, *bevilo* tutto.

1. Compra il giornale, _____ stamattina.
2. Ti svegli troppo tardi, _____ prima!
3. Fai una sorpresa alla nonna, _____ per il suo compleanno!
4. Guardiamo il programma sull'immigrazione, _____ insieme.
5. Dì a tua mamma la verità, _____.
6. Dammi le chiavi della macchina, _____ subito!

**5**   **Cosa fare...** Dì alle seguenti persone cosa fare. Utilizza l'imperativo formale.

> **Modello**
>
> Dì alla signorina Bianchi di telefonare al giudice.
> *Gli telefoni per favore.*
> Dì ai signori Rossi di accomodarsi.
> *Si accomodino.*

| Dì alla signorina Bianchi di: | Dì ai signori Rossi di: |
|---|---|
| 1. contattare la segretaria. | 6. non preoccuparsi della situazione. |
| 2. non dimenticarsi i documenti. | 7. ricordarsi di presentare i certificati. |
| 3. prepararsi per la riunione. | 8. portare l'articolo all'assistente. |
| 4. mostrare le foto alla giuria. | 9. rispondere ai sostenitori. |
| 5. dire la sua opinione a noi. | 10. telefonare alla direttrice. |

**6**   **Un(a) nuovo/a amico/a** Dai almeno cinque consigli a un(a) nuovo/a amico/a che è immigrato/a nella tua città. Digli/Dille dove mangiare, fare sport, fare la spesa, quali locali frequentare, cosa fare nel fine settimana e tutto quello che puoi dire.

_____

_____

_____

_____

_____

_____

## 4.4 *Dovere, potere* and *volere*

**1** **Motivazioni** Completa gli aggiornamenti (*updates*) di politica con la forma appropriata del verbo giusto.

1. Vado alla conferenza perché _____ (potere / volere) approfondire l'argomento.

2. Il deputato non va in vacanza perché _____ (potere / dovere) discutere una legge.

3. I volontari organizzano diverse attività perché _____ (potere / volere) aiutare le persone in difficoltà.

4. Il pacifista partecipa a una manifestazione perché _____ (dovere / volere) protestare contro la guerra.

5. I due partiti hanno formato una coalizione così _____ (potere / volere) affrontare la campagna elettorale.

6. Alle elezioni, il cittadino _____ (potere / dovere) scegliere chi votare.

**2** **Consigli** Alcune persone hanno bisogno di consigli per diverse situazioni. Suggerisci loro cosa fare usando il verbo **dovere** o **potere**.

> **Modello**
>
> Voglio diventare avvocato.
> *Devi / Puoi* iscriverti a giurisprudenza.

1. Voglio partecipare a una manifestazione.
   _____ contattare gli organizzatori.

2. I ragazzi vogliono aiutare gli oppressi.
   _____ fare volontariato.

3. Vogliamo essere più attivi in politica.
   _____ iscrivervi a un partito politico.

4. L'avvocato vuole difendere i deboli.
   _____ iscriversi ad una associazione no-profit.

5. Gli attivisti vogliono migliorare il mondo.
   _____ coinvolgere i cittadini.

6. Il partito moderato vuole vincere le elezioni.
   _____ farsi pubblicità.

**3** **Il prossimo fine settimana** Scrivi cosa tu e altre persone volete fare, ma non potete perché dovete fare altre cose.

> **Modello**
>
> Io *voglio andare al cinema, ma non posso perché devo studiare.*

1. Il mio amico Carlo _____.

2. Tu _____.

3. Io _____.

4. I miei compagni di corso e io _____.

5. Gli studenti _____.

6. Voi _____.

**Lezione 4** Workbook **39**

## COMPOSIZIONE

**1° passo**

Leggi l'articolo di giornale che parla della recente storia dell'immigrazione in Italia e rispondi alle domande.

**Immigrazione: nuova tendenza.**

Gli ultimi decenni del Novecento hanno visto lo svilupparsi di un fenomeno tutto nuovo per l'Italia, l'arrivo di persone provenienti da altri paesi. Per la prima volta in tutta la sua storia l'Italia si è trasformata da paese di emigranti in paese di immigranti. All'inizio i cittadini stranieri che si trasferivano in Italia provenivano soprattutto dal Nord Africa ma con il passare degli anni hanno iniziato ad arrivare anche dall'Est Europa. I nuovi immigrati iniziarono a lavorare soprattutto come venditori ambulanti o accettarono lavori occasionali.

Il numero di stranieri residenti in Italia è molto più basso rispetto a quello di altri paesi europei, ma questa nuova situazione sembra aver creato degli squilibri a livello sociale ed economico; tanto è vero che l'immigrazione è considerata da molti italiani un problema. Alcuni immigrati fanno fatica ad inserirsi, ma è anche vero che alcuni italiani non sono aperti ad accettare e accogliere gli stranieri e le loro tradizioni e usanze.

Molti non capiscono perché l'Italia sia tanto ostile all'immigrazione, considerando che per anni è stato un paese di emigranti e che gli italiani stessi sono stati vittime di emarginazione e umiliazione. Anche se l'Italia non era pronta per una società multiculturale questo fenomeno è ormai una realtà.

1. Quando sono arrivati i primi immigranti in Italia?
   _____

2. Da dove arrivavano i primi immigranti?
   _____

3. Come viene vista l'immigrazione da molti italiani?
   _____

4. Perché alcuni non capiscono l'atteggiamento (*attitude*) degli italiani verso l'immigrazione?
   _____

**2° passo**

Ora tocca a te. Parla di un tuo antenato o di qualcuno che conosci che è arrivato nel tuo paese come immigrante. Tieni in considerazione le domande che seguono e cerca di includere il trapassato prossimo, i pronomi combinati e i verbi modali (**dovere, potere, volere**) nel tuo tema.

• Quando e perché questa persona è arrivata qui?
• Com'era la situazione a casa sua?
• Ci sono state cose che questa persona non ha potuto fare a causa dello status di immigrante?

_____
_____
_____
_____
_____
_____
_____
_____

**PER COMINCIARE**

# Lezione 5

**1**  **Definizioni**  Associa ogni parola alla sua definizione.

_____ 1. il rapporto tra due persone della stessa famiglia
_____ 2. la distanza di almeno quindici anni tra due persone
_____ 3. un parente molto lontano
_____ 4. la donna che tiene a battesimo (*baptism*) un bambino
_____ 5. una parola inventata che usi per chiamare qualcuno
_____ 6. il momento in cui veniamo al mondo
_____ 7. il paese in cui sei nato e cresciuto
_____ 8. la moglie del figlio

a. la nascita
b. la madrina
c. il salto generazionale
d. l'antenato
e. il soprannome
f. la nuora
g. la parentela
h. la patria

**2**  **Questioni private**  Rispondi alle domande, scrivendo almeno due frasi per ogni risposta.

1. Chi è la persona della tua famiglia con cui sei più affiatato/a? Perché?
   _____
   _____

2. A quale parente pensi di assomigliare di più? Cosa hai in comune con lui/lei?
   _____
   _____

3. Litighi spesso con qualche membro della tua famiglia? Per cosa?
   _____
   _____

4. Di solito dopo aver litigato con qualcuno ti penti o pensi di avere ragione? Perché?
   _____
   _____

5. Secondo te, i tuoi genitori ti hanno educato bene o male? Perché?
   _____
   _____

**3**  **Cambiamenti**  Racconta un episodio importante della tua vita che ti ha fatto diventare indipendente e più maturo/a. Chi era con te in quel momento? Come ti sei accorto/a di essere cambiato/a? In che modo questo evento ha influenzato le tue relazioni con gli altri? Come hanno reagito i tuoi amici e i tuoi parenti dopo il cambiamento?

_____
_____
_____
_____
_____
_____
_____

## CORTOMETRAGGIO

# Dove dormono gli aerei

Paolo e Alice sono due bambini che si incontrano casualmente in aeroporto. In questa scena, Paolo cerca di fare amicizia con Alice. La diffidenza iniziale di Alice lascia il posto alla fiducia e alla voglia di avventura tipica di molti bambini. Perché Alice cambia? Cosa fa Paolo per conquistare la sua amicizia? Che tipo di sentimenti scoprono i due bambini lontano dai genitori?

_____

_____

_____

_____

_____

_____

_____

_____

_____

## IMMAGINA

# Sicilia e Sardegna

Rispondi alle domande con frasi complete.

1. Quali sono le caratteristiche naturalistiche delle due isole?

   _____

2. Le dominazioni straniere del passato hanno lasciato tracce in molti aspetti della vita delle isole. Quali?

   _____

3. In che modo la popolazione delle due isole ha protetto la lingua sicula e la lingua sarda dall'estinzione?

   _____

4. Dove si usano la lingua sicula e la lingua sarda oggi?

   _____

5. Quali sono alcuni luoghi tipici di Palermo?

   _____

6. In che periodo dell'anno i fenicotteri si fermano negli stagni di Santa Gilla e Molentargius?

   _____

## STRUTTURE

## 5.1 Partitives and expressions of quantity

**1**  **La pasta con le sarde** Ecco una tipica ricetta siciliana, presa direttamente dal ricettario di nonna Carmela. Completa il testo usando **del, dello, della, dell', dei, degli, delle**.

| Ingredienti per il sugo: | Ricetta: |
|---|---|
| finocchietti selvatici (*wild fennel sprouts*)<br><br>sarde (*sardines*)<br><br>cipolla<br><br>olio<br><br>acciughe (*anchovies*)<br><br>sale e pepe<br><br>pinoli (*pine nuts*)<br><br>uva passa (*raisin*) | Prendete (1) _____ finocchietti, metteteli in una pentola con (2) _____ acqua e fate bollire. Dopo dieci minuti, tirate fuori i finocchietti dalla pentola (*pot*) e ricordatevi di non buttare l'acqua. Mettete (3) _____ olio in una padella (*pan*) e fate rosolare (4) _____ cipolla. Prendete (5) _____ sarde, pulitele e mettetele nella padella. Mescolate bene. Unite (6) _____ acciughe, (7) _____ sale e (8) _____ pepe. Aggiungete nella padella i finocchietti, insieme a (9) _____ pinoli e (10) _____ uva passa. Cuocete la pasta nell'acqua dei finocchietti e, quando è cotta, unitela al sugo. Buon appetito! |

**2**  **I malloreddus** La zia Mena, invece, ti insegna a preparare un tipico piatto sardo. Completa il testo, utilizzando, dove necessario, **un po' di, qualche** o **alcuni/e**.

| Ingredienti: | Ricetta: |
|---|---|
| farina<br><br>sale<br><br>zafferano (*saffron*)<br><br>pecorino<br><br>pomodori<br><br>burro | Mettete (1) _____ farina sulla tavola e, nel mezzo, aggiungete (2) _____ sale e di zafferano sciolto nell'acqua tiepida (*warm*). Aggiungete ancora acqua e lavorate l'impasto (*dough*) per (3) _____ minuto. Quando l'impasto è liscio e duro, fate (4) _____ bastoncini (*sticks*) e tagliateli a pezzi piccolissimi che farete asciugare per (5) _____ giorni (uno o due). I vostri malloreddus ora sono pronti. Quando volete mangiarli, cuoceteli in acqua bollente per mezz'ora e conditeli con (6) _____ pomodoro tagliato e cotto in un cucchiaino di burro e sale. Non aggiungete (7) _____ olio. Condite con (8) _____ pecorino e servite i vostri malloreddus caldi! |

**3**  **Definizioni** Associa le definizioni alle espressioni corrispondenti.

_____ 1. Corrisponde a un chilo di questo importante ingrediente per il pane.

_____ 2. È qualcosa di dolce, che puoi regalare ad un'amica quando vai a trovarla.

_____ 3. È una bevanda per ragazzi, in un contenitore di metallo.

_____ 4. È una bevanda universale, in un contenitore molto fragile.

_____ 5. Corrisponde a due frutti tropicali.

_____ 6. Corrisponde a una piccola quantità di cibo.

_____ 7. È una bevanda per ragazzi in un contenitore di vetro senza il tappo (*cork*).

_____ 8. È una bevanda calda in un contenitore di ceramica.

a. Un paio di banane

b. Una lattina di aranciata

c. Un bicchiere di succo di frutta

d. Un pacco di farina

e. Una bottiglia d'acqua

f. Una scatola di cioccolatini

g. Due etti di prosciutto

h. Una tazza di latte

**4**   **Ricordi di viaggio** Pensa ad un viaggio che ti è piaciuto molto e rispondi alle domande usando i partitivi e le espressioni di quantità.

1. Cosa hai visto?

   _____

2. Cosa hai mangiato di buono?

   _____

3. Hai comprato qualcosa per i tuoi parenti?

   _____

4. Cosa faceva la gente del luogo durante il giorno?

   _____

5. Hai fatto nuove amicizie?

   _____

6. Dove andavi la sera?

   _____

**5**   **Descrizioni** Spiega perché le vacanze di queste persone sono diverse. Usa le espressioni di quantità che hai imparato in questa lezione.

_____   _____

_____   _____

_____   _____

_____   _____

**6**   **Troppo buono!** Scrivi la ricetta del tuo piatto preferito usando i partitivi e le espressioni di quantità.

_____

_____

_____

_____

_____

_____

_____

_____

_____

## 5.2 *Ci* and *ne*

**1**   **Il tempo in cucina** Elisa e nonna Carmela decidono cosa preparare per il pranzo di domenica con la famiglia. Completa il dialogo usando **ci** o **ne**.

**NONNA**   Oggi facciamo la pasta con le sarde. Che (1) _____ pensi?

**ELISA**   Non la conosco. Non ho idea di quanto tempo (2) _____ voglia. Cosa metti nel sugo?

**NONNA**   (3) _____ metto pomodori, finocchietto, uva passa, pinoli, acciughe e sarde, ovviamente!

**ELISA**   Suona piuttosto complicata…

**NONNA**   Niente affatto! È molto veloce.

**ELISA**   Pensi di riuscire a fare tutto in meno di mezz'ora?

**NONNA**   Certo che (4) _____ riesco! Sono velocissima, io.

**ELISA**   Che (5) _____ dici se ti aiuto?

**NONNA**   Certo, se (6) _____ hai voglia…

**ELISA**   Hai già messo il sale nell'acqua della pasta?

**NONNA**   Forse sì… ma non (7) _____ sono sicura. Alla mia età, la memoria non mi aiuta!

**ELISA**   Quanti pinoli metto?

**NONNA**   Pochi. Sono quasi finiti…

**ELISA**   Se (8) _____ hai bisogno, vado al supermercato a comprarli!

**NONNA**   Grazie, cara. Sei un tesoro! Se (9) _____ vai, prendi anche una bottiglia di vino, un pacco di farina, un barattolo (*jar*) di fagioli, delle mele…

**ELISA**   Eh! (10) _____ vuole pazienza!

**2**   **Mi ci porti?** Sara è stata invitata da Mauro ad andare con lui in Sicilia: è contenta, ma anche un po' preoccupata e per questo fa mille domande. Mauro la rassicura, rispondendo affermativamente. Segui il modello.

> **Modello**
>
> Davvero vuoi portare anche <u>me in vacanza</u>?
> Sì, ti ci voglio portare!

1. Hai messo <u>la macchina fotografica in valigia</u>?

   _____

2. Hai messo anche <u>una cartina e una bussola (*compass*) nello zaino</u>, nel caso ci perdiamo?

   _____

3. Hai incluso anche <u>me nel tuo biglietto</u>?

   _____

4. Incontrerai <u>i tuoi cugini in albergo</u>?

   _____

5. Non <u>ti</u> porteranno <u>a casa loro</u> per il pranzo?

   _____

6. Inviteranno anche <u>me al pranzo</u>?

   _____

7. E poi <u>mi</u> porterete <u>a conoscere la nonna Maria</u>?

   _____

8. Hai infilato <u>i regali nel bagaglio a mano</u>, in caso la valigia non arrivi?

   _____

    **Lezione 5** Workbook    **45**

**3**    **Sogni e realtà** Riformula le frasi usando il **ne** partitivo, come nei modelli.

> **Modelli**
>
> Giorgio ha solo dieci anni. Giorgio sembra che abbia tredici anni.
> *Giorgio ha solo dieci anni, ma sembra che ne abbia tredici.*
>
> La sera la nonna mi dà sempre un bacio. La nonna non dà baci al nonno.
> *La sera la nonna mi dà sempre un bacio, ma non ne dà al nonno.*

1. Maria vuole fare una torta di fragole. Maria ha poche fragole.

   _____

2. Sandro vuole bere il caffè. Sandro non ha neanche un po' di caffè.

   _____

3. Nonna Carmela deve usare i pinoli. Nonna Carmela non ha abbastanza pinoli.

   _____

4. Alla zia Lucia piace cucinare le patate. La zia Lucia non ha patate.

   _____

5. Mio zio vorrebbe avere pochi nipoti. Mio zio ha tantissimi nipoti.

   _____

**4**    **Io e i miei parenti** Rispondi alle domande, usando **ci** o **ne** dove opportuno.

1. Quanti cugini hai? _____
2. Pensi spesso ai tuoi parenti lontani? _____
3. Riesci a mantenere i rapporti con tutti? _____
4. Vai spesso a trovare i tuoi nonni o i tuoi zii? _____
5. Quanti veri amici hai? _____
6. Sei mai stato in un luogo molto lontano dalla tua famiglia? Dove? _____
7. Quante persone nuove hai conosciuto? _____
8. Ti sei pentito di essere andato così lontano dalla tua famiglia? Perché? _____

**5**    **Una domanda per ogni risposta** Immagina di essere un personaggio famoso a cui stanno facendo un'intervista. Queste sono le tue risposte. Inventa una domanda per ogni risposta.

1. _____
   Sì, ci penso molto.

2. _____
   Sì, ne ho molta paura.

3. _____
   Ci vuole molto lavoro!

4. _____
   No, non ne ho mai voglia.

5. _____
   Ne ho pochi.

6. _____
   Ne mangio una quantità enorme!

7. _____
   Ci metto moltissimo tempo!

8. _____
   No, non ci riesco mai!

**6**    **Se ci tieni, ce la fai!** Su un foglio a parte, racconta un episodio della tua vita in cui hai superato una grande difficoltà e... ce l'hai fatta! Usa almeno quattro delle espressioni della lista.

| | | |
|---|---|---|
| andarsene | farcela | tenerci |
| avercela con qualcuno | metterci | volerci |

  

## 5.3 The future

**1** **Bella fortuna!** Franco non sta più nella pelle (*is incredibly happy*) per qualcosa che ha appena letto nell'oroscopo. Completa il dialogo coniugando i verbi fra parentesi al futuro semplice.

**DAVIDE** Ciao! Come sei felice! È successo qualcosa di speciale?

**FRANCO** Ho appena letto il mio oroscopo: questa settimana la mia vita (1) _____ (cambiare) completamente! Per prima cosa, un mio lontano parente (2) _____ (morire) ed io (3) _____ (ereditare) tutti i guadagni della sua vita, poi (4) _____ (incontrare) la donna dei mei sogni e (5) _____ (iniziare) insieme una lunga storia d'amore. Poi, tra due anni, (6) _____ (noi / sposarsi)!

**DAVIDE** Franco, ma è terribile! Un tuo parente (7) _____ (lasciare) questo mondo e una donna ti (8) _____ (sposare) solo per i tuoi soldi!!! Che tristezza!

**FRANCO** Davide, ma che dici! Finalmente (9) _____ (comprare) una casa e (10) _____ (smettere) di lavorare!

**DAVIDE** E come (11) _____ (passare) il tuo tempo? (12) _____ (leggere) anche tu il giornale al bar?

**FRANCO** Assolutamente no! Io e mia moglie (13) _____ (viaggiare) per il mondo e tu e i tuoi amici mi (14) _____ (pensare) quando (15) _____ (ricevere) le mie cartoline!

**2** **Beato lui!** Davide scrive un'e-mail a Manuela, raccontandole del suo incontro con Franco. Completa il testo coniugando i verbi fra parentesi al futuro semplice.

| Da: | Davide@immaginaVHL.it |
| A: | Manuela@immaginaVHL.it |
| Oggetto: | Notizie di Franco |

Cara Manuela,
oggi ho incontrato Franco. Sembra che questa (1) _____ (essere) la sua settimana fortunata. Un lontano parente (2) _____ (passare) a miglior vita lasciandogli enormi ricchezze. Di conseguenza, lui (3) _____ (diventare) così ricco che non (4) _____ (avere) più bisogno di lavorare, (5) _____ (vivere) con una donna meravigliosa e (6) _____ (andare) per tutta la vita in giro per il mondo. E noi che (7) _____ (fare)? (8) _____ (rimanere) tutta la vita ad aspettarlo qui? Questa sera Franco (9) _____ (venire) a trovarmi e io non gli (10) _____ (dare) pace finché non (11) _____ (sapere) chi è questo parente! Vuoi venire anche tu? Non (12) _____ (fare) niente di speciale, (13) _____ (bere) alla sua salute e gli (14) _____ (augurare) buon viaggio…

**3** **Dove sarà Franco?** Il tempo passa, Franco non si vede più. I suoi amici fantasticano sulla sua incredibile fortuna. Riformula le diverse ipotesi usando il futuro semplice o il futuro anteriore, come nei modelli.

**Modelli**

Forse è in viaggio      Forse ha incontrato la donna della sua vita!
Mah... sarà in viaggio!      Mah... *avrà incontrato la donna della sua vita!*

1. Magari è diventato miliardario. _____
2. Forse ora nuota nel Mar dei Caraibi. _____
3. Presumibilmente vola con il suo aereo privato. _____
4. Magari ha comprato una villa in Francia. _____
5. Forse si è sposato con un'attrice famosa. _____
6. Probabilmente beve champagne ogni sera. _____

Workbook

**4** **Una lettera da lontano** Questa è la lettera che Franco ha ricevuto qualche settimana dopo avere incontrato Davide. Beh... forse l'oroscopo aveva ragione, ma solo parzialmente! Completa il testo inserendo il futuro semplice o anteriore, secondo i casi.

Caro nipote e mio unico erede,

quando (1) _____ (ricevere) questa lettera, io (2) _____ (lasciare) questo mondo e tu

(3) _____ (potere) ereditare tutte le mie ricchezze... ma solo a certe condizioni:

• (4) _____ (ricevere) le metà dei miei guadagni non appena (5) _____(accettare) di prenderti cura dei miei diciotto cani e quindici gatti;

• (6) _____ (avere) l'altra metà delle mie ricchezze solo dopo che (7) _____ (lavorare) per dieci anni al servizio dei poveri;

• (8) _____ (ereditare) anche tutte le mie case, ma solo quando (9) _____ (sposare) Angelina, la mia governante (_maid_), nubile, ottantenne, ma piena di energia e vitalità, che mi ha aiutato tanto in tutti questi anni.

Sicuro che (10) _____ (accettare) questa meravigliosa opportunità, ti saluto, augurandoti tanta felicità e fortuna.

Tuo zio Antonio.

**5** **Il mondo fra cinquant'anni** Ci sono tante opinioni contrastanti sul futuro del mondo. Secondo alcuni il progresso farà passi enormi, secondo altri le risorse finiranno e dovremo cominciare a seguire uno stile di vita completamente diverso. E tu, come immagini il mondo fra cinquant'anni? Rispondi alle domande e usa la tua fantasia.

1. Come passeranno il loro tempo i bambini?

   _____

2. Come ci sposteremo da un luogo all'altro?

   _____

3. Come comunicheremo con gli amici e i parenti?

   _____

4. Quanto tempo passeremo con la nostra famiglia?

   _____

5. Cosa mangeremo?

   _____

6. Cosa avremo inventato per superare la paura della vecchiaia?

   _____

7. Quali importanti scoperte avremo fatto?

   _____

**6** **Noi e il resto dell'universo** Descrivi come la vita sulla Terra cambierà quando avremo scoperto l'esistenza di altre forme di vita nell'universo. Usa il futuro semplice e il futuro anteriore.

_____

_____

_____

_____

_____

Workbook

## 5.4 Adverbs

**1** **Uno stile per ogni età** Completa le frasi con un avverbio derivato dall'aggettivo.

1. I neonati (*newborn babies*) piangono _____ (frequente).

2. I bambini giocano _____ (allegro).

3. Gli adolescenti telefonano _____ (continuo).

4. I genitori educano i figli _____ (severo).

5. I figli ubbidiscono _____ (raro).

6. Gli anziani (*elderly people*) camminano _____ (lento).

**2** **Domande** Rispondi alle domande usando l'avverbio suggerito, come nel modello.

> **Modello**
> Ti piace questo posto? (molto)
> *Sì, mi piace molto.*

1. Hai già visitato l'Europa? (non… ancora)
_____

2. Hai telefonato all'albergo per confermare? (non… più)
_____

3. Uscirai con il tuo cugino italiano qualche volta? (sempre)
_____

4. Sei già stato/a in Sicilia? (non… mai)
_____

5. Hai contattato un'agenzia di viaggi? (già)
_____

6. Sei pronto per partire? (volentieri)
_____

**3** **Non ho mai viaggiato in aereo: che emozione!** Stai per andare a trovare un amico in Italia. Scrivigli una lettera per confidargli le tue paure e i tuoi entusiasmi, usando gli avverbi della lista.

| ancora | lì | molto | poco | sempre | spesso |
|--------|-----|-------|------|-------------|--------|
| già | mai | più | qui | solitamente | troppo |

_____
_____
_____
_____
_____
_____
_____

Workbook

## COMPOSIZIONE

### 1° passo

Leggi il blog di Roberto sui suoi progetti dopo la laurea e rispondi alle domande.

---

Cari amici,

finalmente mi sono laureato!

Di sicuro vi chiederete: cosa farà un povero studente laureato in archeologia dopo che avrà capito che i suoi studi non gli permetteranno di trovare facilmente un lavoro?

Semplice: partirà per un affascinante viaggio in Italia! La sua destinazione? Agrigento, in Sicilia!

Accetterò volentieri un compagno di viaggio che vorrà accompagnarmi in questa avventura e che condivide il mio interesse per le civiltà antiche e la mia passione per l'arte.

Ho un carattere socievole e vivace. Raramente litigo con qualcuno ma spesso mi capita di essere testardo: in questi casi dovrete lasciarmi libero di fare quello che voglio e, se non vorrete seguirmi nelle mie spedizioni, andremo per strade diverse durante il giorno e ci rivedremo la sera in albergo.

Ve lo dico subito: se la Sicilia mi piacerà, resterò lì fino alla vecchiaia!

Pubblicherò maggiori dettagli su questo blog, non appena avrò saputo i costi e gli orari dei voli! Se siete interessati a seguirmi, scrivetemi! Vi risponderò sicuramente!

Ciao, Roberto.

---

1. Perché Roberto decide di fare un viaggio invece di lavorare, dopo la laurea?

   _____

2. Dove andrà e perché?

   _____

3. Perché scrive i suoi progetti sul blog?

   _____

4. Cosa farai tu dopo che ti sarai laureato/a?

   _____

5. Come sarà cambiato il tuo carattere quando avrai finito l'università?

   _____

### 2° passo

Scrivi una risposta per Roberto, parlando di te e dei tuoi progetti dopo la laurea: cosa farai? Dove andrai? Che tipo di persona sarai quando avrai finito l'università? Avrai voglia di fare esperienze con persone che non conosci? Sarai pronto/a a lasciare il paese in cui avrai vissuto per oltre venti anni? Infine: andrai con Roberto in Sicilia, oppure no? Perché?

_____

_____

_____

_____

_____

_____

_____

_____

_____

**PER COMINCIARE**

# Lezione 6

**1** **Campagna elettorale** Completa il discorso fatto da un politico durante la campagna elettorale con le parole nel riquadro.

| | | | | |
|---|---|---|---|---|
| aumentare | immigrati | lottare | polemiche | tenore di vita |
| dialogo | integrazione | pianificare | superare | tutelare |

Grazie a tutti per essere qui. Stasera inizia il nostro cammino verso le prossime elezioni e noi faremo di tutto per convincere gli elettori che siamo le persone giuste per rappresentarli. Vogliamo (1) _____ i cittadini italiani ma anche i nuovi (2) _____ in regola con le norme del nostro paese. Dobbiamo compiere uno sforzo maggiore per favorire l'(3) _____ tra tutti i cittadini nel nostro paese e (4) _____ le (5) _____ del passato. Con il (6) _____ dobbiamo (7) _____ insieme ad altre forze politiche per (8) _____ gli interventi necessari per (9) _____ il (10) _____ di tutti i cittadini.

**2** **Slogan** Scegli uno dei seguenti argomenti e scrivi tre slogan da presentare durante questa manifestazione di protesta ispirandoti alle parole della lista.

- Protesta contro la disuguaglianza.
- Protesta contro la globalizzazione.

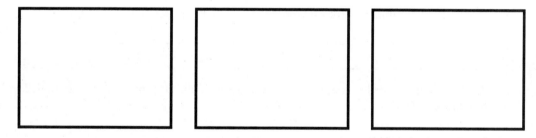

| | | | |
|---|---|---|---|
| arricchirsi | diminuire | la polemica | ottenere |
| aumentare | incertezza | la povertà | realizzare |
| comprensione | la globalizzazione | lottare | superare |

| | | |
|---|---|---|
| | | |

**3** **Discorso** Immagina di essere un avvocato dei diritti umani che ha appena ottenuto un premio speciale. Scrivi un breve discorso da leggere alla cerimonia seguendo i suggerimenti.

- Parla della situazione di cui ti sei occupato/a.
- Spiega i problemi superati.
- Ringrazia le persone che ti hanno aiutato/a.

_____

_____

_____

_____

_____

_____

_____

## CORTOMETRAGGIO

# Lacreme Napulitane

In questa scena, il protagonista napoletano esprime la sua opinione su Milano e provoca la reazione del milanese. Perché, secondo te, i due sono sempre sulla difensiva (*on the defensive*) e si attaccano continuamente? Che immagine appare delle due città e delle persone che ci abitano? Che cosa succede ai due protagonisti dopo tante discussioni? Secondo te, la conclusione di questo cortometraggio si può considerare come una sconfitta degli stereotipi? Scrivi un breve paragrafo con le tue riflessioni.

_____

_____

_____

_____

_____

_____

## IMMAGINA

# L'Italia meridionale

Rispondi alle domande con frasi complete.

1. Che cosa ha accomunato storicamente le regioni del Sud Italia?

_____

_____

2. Quali sono alcune delle caratteristiche naturalistiche che accomunano le regioni dell'Italia meridionale?

_____

_____

3. Chi erano i Greci che hanno colonizzato le regioni del Sud Italia? Perché lo hanno fatto?

_____

_____

4. Perché Pompei è uno dei siti archeologici più visitati del mondo?

_____

_____

5. Quali ingredienti hanno aggiunto i napoletani per trasformare un cibo semplice, fatto con acqua, farina e lievito, nella famosa pizza?

_____

_____

## STRUTTURE

## 6.1 The conditional

**1** **Consigli** Paola è stanca della sua vita in città e vorrebbe vivere una vita più tranquilla. Completa i suoi desideri con il condizionale presente.

Per prima cosa (1) _____ (andare) a vivere in campagna. La mia famiglia ed io (2) _____ (comprare) una bella casetta in campagna. Mio marito (3) _____ (potere) andare a lavorare in bicicletta. I miei figli (4) _____ (vivere) in una realtà più tranquilla. Tutti i giorni noi (5) _____ (fare) delle belle passeggiate.

**2** **Situazioni** Trasforma le frasi che seguono dal futuro al condizionale presente. Segui il modello.

> **Modello**
> Anna parteciperà alla protesta.   Anna ha *detto che parteciperebbe alla protesta.*

1. I candidati tuteleranno i diritti umani. _____
2. Il politico favorirà l'integrazione. _____
3. I volontari combatteranno la povertà. _____
4. Tu e Paolo farete molti progetti. _____
5. Mi adeguerò alla situazione. _____

**3** **Intervista** Scrivi le domande basate sulle note d'un giornalista. Segui il modello.

> **Modello**
> Chiedere al sig. Bianchi: lottare per i diritti umani   *Lotterebbe per i diritti umani?*

1. Chiedere al sig. Bianchi sul partito: promuovere l'uguaglianza

   _____

2. Chiedere al sig. Bianchi: aumentare i sussidi per gli studenti

   _____

3. Chiedere al sig. Bianchi sul vice: diminuire le tasse

   _____

4. Chiedere al sig. Bianchi e collaboratori: realizzare nuove infrastrutture

   _____

**4** **Al loro posto...** Guarda i disegni e dì cosa faresti tu nelle stesse situazioni. Segui il modello.

> **Modello**
> Cercherei un altro lavoro.

1. _____   2. _____   3. _____   4. _____

_____   _____   _____   _____

Workbook

**5** **Opinioni diverse** Ribatti alle seguenti situazioni con una dichiarazione al condizionale passato e una al condizionale presente.

> **Modello**
>
> Pietro non ha votato. Ora i suoi amici lo prendono in giro e dicono che il risultato delle elezioni è colpa sua.
> *Io avrei votato. Ora nessuno mi prenderebbe in giro.*

1. Carla e Sergio sono andati in vacanza a Tropea in Calabria senza prenotare l'albergo e per due notti hanno dovuto dormire in macchina.

   _____

2. Giorgio ha comprato una macchina usata senza averla provata e ora la macchina non funziona.

   _____

3. Sofia ha stampato i volantini con la data sbagliata e ora non c'è nessuno alla manifestazione.

   _____

4. Valerio ha bruciato la cena che stava preparando per i suoi amici e ora non ha niente da offrirgli.

   _____

**6** **Viaggi** Leggi la pubblicità dei due viaggi e scrivi un breve paragrafo dove spieghi quale sceglieresti. Usa almeno sei verbi al condizionale.

- Provate l'emozione di vivere come miliardari con le nostre crociere nel Mediterraneo in navi super lussuose. Tutte le navi sono dotate di suite esterne con balcone privato, due camere, due bagni, uno dei quali con Jacuzzi, due salotti con impianto stereo, lettore CD, televisore con schermo piatto e lettore DVD. A bordo potete navigare con il sistema Wi-Fi. Scoprite i sapori della migliore cucina al mondo nei nostri ristoranti. Nel nostro centro benessere sarete coccolati da mani esperte. Siamo pronti a soddisfare ogni vostro desiderio!

- Occasione unica per un vero viaggio solidale: un'esperienza che vi arricchirà e aiuterà allo stesso tempo le popolazioni più povere del nostro pianeta. I soldi spesi verranno utilizzati per realizzare progetti che favoriranno lo sviluppo sostenibile del paese visitato. Il viaggiatore sarà ospitato da famiglie locali per condividere gli usi e i costumi del luogo. In alcuni casi il viaggiatore potrà donare tempo e/o denaro alle popolazioni più disagiate (*poor*).

_____

_____

_____

_____

_____

_____

_____

_____

_____

_____

_____

Workbook

# 6.2 Negation

**1** **Giornata negativa** Nicola e Franca raccontano la loro giornata. Completa il brano con la negazione giusta.

Ieri sera siamo usciti per rilassarci un po', ma al cinema non c'era (1) _____ (niente / mica) d'interessante e così siamo andati a fare un giro in centro. Purtroppo non abbiamo incontrato (2) _____ (niente / nessuno) in piazza e quando siamo arrivati al ristorante Luca non era (3) _____ (ancora / più) arrivato.

La cena non ci è piaciuta (4) _____ (nulla / affatto) e non credo che torneremo (5) _____ (più / niente) in quel ristorante. Quindi, è stata proprio una brutta giornata, non ci siamo (6) _____ (niente / né) divertiti _____ (niente / né) riposati.

**2** **Titoli** Completa i titoli di giornale con le espressioni negative suggerite.

> affatto   né... né   niente
> ancora   nessuno   più

1. Non è stata _____ raggiunta la maggioranza necessaria per approvare la legge.

2. Non ha partecipato _____ alla conferenza sulla crisi economica.

3. Il ministro non ha risposto _____ ai giornalisti _____ agli avvocati.

4. La polizia non ha fatto _____ per fermare i dimostranti.

5. Il deputato non ha voluto _____ ripresentarsi alle elezioni.

6. I cittadini non sono _____ contenti della nuova situazione.

**3** **Personalità opposte** I gemelli Lorenzo e Leonardo hanno personalità totalmente differenti. Trasforma le frasi da affermative in negative. Segui il modello.

> *Modello*
> Lorenzo: Tutti amano il mio modo di vestire.
> Leonardo: *Nessuno ama il mio modo di vestire.*

1. Lorenzo: Ho già imparato a nuotare.
   Leonardo: _____

2. Lorenzo: Ho conosciuto tutti alla festa.
   Leonardo: _____

3. Lorenzo: Ho sempre lavorato d'estate.
   Leonardo: _____

4. Lorenzo: Vado ancora in palestra.
   Leonardo: _____

5. Lorenzo: Ascolto sia musica classica che musica rock.
   Leonardo: _____

6. Lorenzo: Guardo sempre la TV.
   Leonardo: _____

Workbook

**4** **Ma no!** Alessio e Stefano parlano delle prossime elezioni. Immagina di essere Alessio e rispondi alle domande usando le negazioni adatte. Segui il modello.

> **Modello**
>
> Leggi gli articoli di politica?
> No, non leggo mai gli articoli di politica.

1. C'è qualche politico che ammiri?

   _____

2. Hai già deciso per chi votare?

   _____

3. Ti fidi più del candidato di destra o di sinistra?

   _____

4. Segui sempre i dibattiti alla TV?

   _____

5. Fai qualcosa per informarti sui candidati?

   _____

6. Vuoi parlare ancora di elezioni?

   _____

**5** **Contrario!** Guarda le foto e scrivi un commento sottolineando che non hai mai fatto quello che è rappresentato nella foto.

> **Modello**
>
> Non ho ancora votato.

1. _____     2. _____     3. _____     4. _____

   _____        _____        _____        _____

**6** **Progetti andati male** Immagina di aver fatto tanti progetti per il fine settimana ma è andato tutto storto. Racconta cosa è successo usando almeno sei diverse espressioni negative.

> **Modello**
>
> Avevo programmato di andare a trovare tre miei vecchi amici ma non ne ho incontrato neanche uno perché...

_____

_____

_____

_____

_____

_____

Workbook

# 6.3 The subjunctive: impersonal expressions; will and emotion

**1** **Come rimanere giovani** Elisa vuole convincere Sergio a cambiare stile di vita. Completa alcune delle frasi pronunciate da Elisa con il congiuntivo.

1. Penso che tu _____ (dovere) condurre una vita più regolare.

2. Spero che tu _____ (smettere) di fumare.

3. Credo che tutti _____ (dovere) fare un po' di sport.

4. È importante che tu e io _____ (seguire) una dieta bilanciata.

5. Occorre che tu _____ (dormire) di più.

6. Bisogna che tu _____ (lavorare) di meno.

**2** **La scelta giusta** Scegli la forma giusta del verbo per completare le frasi.

1. È fondamentale che gli immigrati _____ alle abitudini del nuovo paese.
   a. si adattino          b. si adatti          c. vi adattiate

2. Non è giusto che i paesi sottosviluppati _____ dai paesi ricchi.
   a. dipendano          b. dipenda          c. dipendino

3. È indispensabile che i governi _____ la povertà.
   a. combatta          b. combattono          c. combattano

4. È importante che i giovani _____ più sensibili ai problemi della nostra società.
   a. sia          b. siano          c. sono

5. Non è possibile che al giorno d'oggi la gente _____ la fame.
   a. soffra          b. soffre          c. soffrono

6. Sembra che i paesi ricchi _____ diminuire il sottosviluppo dei paesi poveri.
   a. voglia          b. vogliate          c. vogliano

**3** **Tra sorelle** Anna e Paola sono sorelle che condividono un appartamento ma Anna non è contenta di Paola. Completa il dialogo con i verbi suggeriti al congiuntivo o all'indicativo.

> cercare   essere   fare   pulire
> essere    essere   pulire  vivere

**ANNA** Paola, non ne posso più di questa situazione, voglio che tu (1) _____ l'appartamento. Guarda che schifo!

**PAOLA** Ma secondo me non (2) _____ sporco!

**ANNA** Penso che tu (3) _____ troppo disordinata. Non è possibile che tu (4) _____ in tanta confusione!

**PAOLA** Esagerata! Comunque mi sembra che anche le tue cose (5) _____ in disordine!

**ANNA** È inutile che tu (6) _____ di convincermi; devi pulire punto e basta.

**PAOLA** Va bene, ma (7) _____ quando torno dalla palestra, ora non ho tempo.

**ANNA** L'importante è che tu (8) _____ le pulizie prima di stasera.

**4** **Opinioni** Trasforma i commenti di Laura da vaghi a più specifici. Riscrivi le frasi cambiando le espressioni impersonali + infinito in espressioni impersonali + **che** + congiuntivo.

> **Modello**
>
> È importante essere eleganti. (Tu e tua sorella)
> È importante *che tu e tua sorella siate eleganti.*

1. È giusto aiutare i più deboli. (Io e i miei amici) _____
2. È necessario parlare più di una lingua straniera. (Giulio) _____
3. È meglio evitare le polemiche. (Carla) _____
4. È facile incontrare nuove persone alle riunioni. (Tu) _____
5. È impossibile accettare la situazione. (I miei cugini) _____
6. Occorre adattarsi ai cambiamenti. (Tu e i tuoi colleghi) _____

**5** **Pareri** Dai consigli usando le espressioni impersonali seguite dal congiuntivo dei verbi suggeriti.

> **Modello**
>
> Marco e Laura vogliono aprire un negozio.
> *Bisogna che risparmino molti soldi.*

| acquistare un biglietto | frequentare una scuola di lingue | studiare recitazione |
| fare domanda per un visto | iscriversi ad un partito | usare meno elettrodomestici |

1. Il signor Franchi vuole entrare in politica. _____
2. Anna e Mauro vogliono fare il giro del mondo. _____
3. Io e mia sorella vogliamo diventare brave attrici. _____
4. Piero vuole consumare meno energia. _____
5. Voglio trasferirmi all'estero. _____
6. Giorgia e Marta vogliono imparare una lingua straniera. _____

**6** **Opinioni** Esprimi le tue opinioni e le tue emozioni sui seguenti punti. Ricordati di usare il congiuntivo per spiegare il tuo punto di vista.

1. L'immigrazione _____

_____

_____

2. La povertà _____

_____

_____

3. La crisi economica _____

_____

_____

4. L'integrazione culturale _____

_____

_____

Workbook

# 6.4 Suffixes

**1** **Definizioni** Scegli il diminutivo o accrescitivo (*augmentative*) giusto per ogni definizione.

1. Finestra di una macchina. _____ (finestrino / finestraccia)
2. Parola volgare. _____ (parolina / parolaccia)
3. Persona divertente. _____ (simpaticone / simpaticaccio)
4. Autore di versi poetici di poco valore. _____ (poetino / poetastro)
5. Piccola sedia comoda e imbottita. _____ (poltroncina / poltronciona)
6. Piccola stanza dove si preparano i cibi. _____ (cucinaccia / cucinino)

**2** **Illustrazioni** Dai un titolo ad ogni disegno utilizzando i suffissi.

> **Modello**
> un cane cattivo
> un *cagnaccio*

1.
una simpatica signora anziana
_____

2.
una ricca minestra di verdure
_____

3.
un grande libro
_____

4.
una graziosa bambina
_____

5.
un bambino piccolo
_____

6.
una fontana piccola e bella
_____

**3** **Inserzioni** Stai cercando di vendere o dare via alcune cose, scrivi i titoli di sei annunci con i diminutivi e/o gli accrescitivi di nomi e aggettivi.

> **Modello**
> *Regalo gatto piccolino e bellino.*

1. _____
2. _____
3. _____
4. _____
5. _____
6. _____

Workbook

## COMPOSIZIONE

### 1° passo

Leggi l'editoriale di un giornalista contrario alla globalizzazione.

# Globalizzazione, amica o nemica?

Grazie alla globalizzazione il mondo sembra più piccolo, i rapporti tra i vari paesi si sono intensificati e ci sentiamo tutti fratelli. A livello economico ha prodotto più concorrenza tra le imprese produttrici e i consumatori sembrano beneficiare di questa situazione. Ma c'è sempre il rovescio della medaglia e ad analizzare bene i fatti ci rendiamo conto che tutti questi vantaggi per i lavoratori locali poi non esistono. Le multinazionali schiacciano le piccole aziende e il lavoro si fa sempre più precario perché possono decidere di chiudere da un momento all'altro e spostare la produzione in un paese con manodopera a basso costo. La ricchezza si concentra sempre di più nelle mani di pochi ricchi mentre il resto del mondo diventa sempre più povero.

La globalizzazione ci ha reso tutti cittadini dello stesso villaggio globale. Mangiamo negli stessi ristoranti, beviamo le stesse bevande e ci vestiamo allo stesso modo. In pochi decenni, questo fenomeno ha contribuito a cancellare secoli di tradizioni e culture ben definite. E allora, pensiamo bene prima di entrare nelle solite catene di ristoranti e di negozi, stiamo arricchendo i soliti pochi ricchi a discapito della produzione locale di artigiani? Stiamo contribuendo a cancellare la nostra cultura dalla faccia del pianeta?

1. Qual è l'opinione dell'autore sulla globalizzazione?

   _____

2. Quali sono i lati positivi e i lati negativi della globalizzazione secondo questo articolo?

   _____

3. Nella tua città ci sono evidenti segni della globalizzazione? Quali sono o perché non ci sono?

   _____

4. Che cosa potrebbe fare la gente per limitare le conseguenze negative della globalizzazione?

   _____

### 2° passo

Rispondi all'editoriale con una lettera in cui esponi le tue idee e opinioni. Spiega se sei d'accordo o no con l'opinione del giornalista e perché.

_____

_____

_____

_____

_____

_____

_____

_____

_____

_____

_____

## PER COMINCIARE

# Lezione 7

**1  Titoli di giornale** Completa i titoli della sezione *Scienza e Tecnologia* di un giornale con le parole del riquadro.

| | | | |
|---|---|---|---|
| brevetti | DNA | intelligenza artificiale | nanotecnologia |
| codice deontologico | furti d'identità | libro elettronico | robotica |

1. È stata scoperta la struttura interna del _____ che contiene il nostro codice genetico.
2. L'ordine dei fisioterapisti ha firmato il _____ che regola il loro comportamento nell'ambiente di lavoro.
3. Stanno aumentando a livello mondiale i _____, per ottenere denaro fingendo di essere un'altra persona.
4. È stata organizzata una conferenza per illustrare i vantaggi dell'utilizzo della _____ in medicina e per dimostrare l'utilità dei robot in sala operatoria.
5. L'uomo spera sempre che un giorno riuscirà a dotare i computer di _____ per farli funzionare e ragionare come lui.
6. Il nuovo _____ promette libri in formato digitale e a basso costo.

**2  Telegiornale** Sostituisci le parti sottolineate dei titoli di un telegiornale con una parola tra quelle imparate in questa lezione.

> **Modello**
>
> La nuova teoria sulle cellule staminali <u>conteneva errori</u>.
> *era sbagliata*

1. È importante <u>recuperare e rimettere in circolazione</u> parte dei rifiuti. _____
2. Per evitare di perdere le foto digitali è consigliato <u>salvarle su un supporto digitale</u>. _____
3. La clonazione umana è un argomento molto <u>dibattuto</u>. _____
4. La ricerca sugli embrioni fa nascere problemi <u>legati alla morale</u>. _____
5. Prima di accettare una nuova teoria è fondamentale <u>provare con esperimenti</u> la sua validità. _____
6. Scoperto nuovo <u>preparato che aiuta a sviluppare gli anticorpi</u> per combattere l'influenza. _____

**3  Servizio clienti** Scrivi un'e-mail all'assistenza tecnica di una ditta di computer per spiegare i problemi che hai con il tuo nuovo computer. Utilizza le parole suggerite.

| | | | |
|---|---|---|---|
| il computer da tavolo/portatile | allegare | incollare | salvare |
| aggiornare | cancellare | masterizzare | scaricare |
| | copiare | navigare su Internet | |

_____

_____

_____

_____

_____

_____

## CORTOMETRAGGIO

# L'età del fuoco

Nel cortometraggio *L'età del fuoco*, vediamo una casa del futuro in cui tutto funziona, o dovrebbe funzionare, con sistemi informatici. Ma cosa succede quando il gas non si accende? Cosa propone il tecnico? Come si manifesta nel corto la battaglia tra passato e futuro o tra semplicità e tecnologia? Come appaiono i rapporti umani in questo mondo futuro? Secondo te, una realtà così sviluppata tecnologicamente sarà un bene o un male? Scrivi un paragrafo con le tue riflessioni.

_____

_____

_____

_____

_____

_____

_____

_____

_____

_____

_____

_____

## IMMAGINA

# Il Triveneto

Completa le seguenti frasi.

1. Hai letto che il Triveneto è il territorio dove l'Italia incontra l'Europa perché _____
   _____ .

2. In inverno, Cortina d'Ampezzo, la Val di Fiemme e laVal di Fassa _____
   _____ .

3. In Trentino-Alto Adige, possiamo vedere l'incontro tra la cultura italiana e quella tedesca _____
   _____ .

4. Venezia, durante il periodo del Carnevale, ha un fascino particolare perché _____
   _____ .

5. Trieste, per la sua posizione geografica, è sempre stata una città importante perché _____
   _____ .

## STRUTTURE

# 7.1 Comparatives and superlatives

**1** **Pubblicità** Completa gli slogan pubblicitari di prodotti tecnologici con **come, quanto, di, di + articolo** o **che**.

### Modello

Compra la stampante Alfa, è più veloce _della_ stampante Beta.

1. La videocamera digitale è più piccola _____ quella analogica.
2. Il lettore MP3 è più evoluto _____ lettore per CD.
3. La macchina fotografica digitale fa foto migliori _____ macchina fotografica normale.
4. I nuovi mouse sono tanto tecnologici _____ funzionali.
5. I telefonini di nuova generazione sono più complicati _____ pratici.
6. Il computer portatile è tanto efficiente _____ il computer da tavolo.
7. Il nostro negozio vende tanti CD _____ DVD.
8. I DVX non sono così popolari _____ i DVD.

**2** **Società a confronto** Usa la tabella per creare delle frasi che mettono a confronto la società di oggi con quella di cinquant'anni fa.

| 50 anni fa | oggi |
| --- | --- |
| città poco inquinate | città molto inquinate |
| più morti a causa dell'influenza | meno morti a causa dell'influenza |
| la gente mandava lettere | la gente manda molte e-mail e poche lettere |
| in casa c'erano pochi apparecchi tecnologici | in casa ci sono molti apparecchi tecnologici |
| c'erano contrasti tra scienza e religione | ci sono contrasti fra scienza e religione |

### Modello

Cinquant'anni fa le città erano meno inquinate di oggi.

_____

_____

_____

_____

_____

**3** **La famiglia di Giovanni** Riscrivi le frasi con il comparativo o il superlativo irregolare.

### Modello

Io ho un fratello più giovane e una sorella più vecchia di me.
Io ho un fratello minore e una sorella maggiore.

1. Il nonno cucina molto bene, la nonna cucina così così.

_____

2. Io esco poco, mio fratello esce molto.

_____

3. Il caffè fatto da mio padre è più cattivo di quello fatto da mia madre.

_____

4. Io canto male, mia sorella canta bene.

_____

**4** **Invenzioni** Commenta le seguenti invenzioni usando le espressioni del riquadro.

> **Modello**
>
> L'invenzione del computer è una delle più innovative.

| | | |
|---|---|---|
| uno dei più | fra | estremamente |
| una delle più | il più | molto |
| uno dei meno | il meno | incredibilmente |
| una delle meno | assai | ultra… |

1. La radio _____ .

2. I vaccini _____ .

3. La bomba atomica _____ .

4. La televisione _____ .

5. L'aereo _____ .

6. La lampadina _____ .

7. Il computer _____ .

8. L'aspirina _____ .

**5** **Avvenimenti importanti** Commenta gli eventi più importanti del secolo scorso usando il superlativo relativo o il superlativo assoluto.

> **Modello**
>
> La Seconda Guerra Mondiale fu la guerra più feroce./fu ferocissima.

1. La Prima Guerra Mondiale _____ .

2. Il voto alle donne _____ .

3. Il crollo della borsa di Wall Street _____ .

4. La dichiarazione universale dei diritti dell'uomo _____ .

5. Il primo uomo sulla Luna _____ .

6. La caduta del muro di Berlino _____ .

**6** **Automobili** Confronta le foto e scrivi almeno sei frasi utilizzando i comparativi e i superlativi.

auto d'epoca      macchina vecchia      FIAT 500      Ferrari

1. _____

2. _____

3. _____

4. _____

5. _____

6. _____

## 7.2 Relative pronouns

**1** **Le scienze** Guido espone la sua opinione sulle scienze ad un amico. Completa le frasi con **cui, che** o **chi**.

1. Ho letto l'articolo di _____ mi hai parlato.

2. _____ passa molte ore in laboratorio riesce a fare nuove scoperte.

3. La donna con _____ parlavo è la nuova ricercatrice: è molto brava.

4. Il vaccino _____ stanno sperimentando sarà pronto fra qualche settimana.

5. L'esperimento _____ stanno conducendo serve a trovare una nuova cura per le malattie genetiche.

6. _____ non crede nella ricerca scientifica non investe soldi in questo settore.

**2** **Collegare** Riscrivi le frasi collegandole con **il/la quale, i/le quali**.

> **Modello**
>
> Ho conosciuto la cugina di Paolo. La cugina di Paolo fa la ricercatrice.
> *Ho conosciuto la cugina di Paolo, la quale fa la ricercatrice.*

1. Simona ha un fratello. Il fratello è sposato con mia cugina.

   _____

2. Ho incontrato la cugina di Tommaso. La cugina vive vicino a casa mia.

   _____

3. Elena e Serena sono due ragazze. Elena e Serena hanno studiato con me all'università.

   _____

4. Andrea e Davide sono studenti. Andrea e Davide hanno vinto una borsa di studio.

   _____

5. Laura è una scienziata. Laura lavora al consiglio nazionale di ricerca.

   _____

6. Roberto è un matematico. Roberto sta sviluppando nuove teorie.

   _____

**3** **Tecnologia** Tua nonna non conosce alcuni apparecchi moderni: descrivili usando i pronomi relativi.

> **Modello**
>
> Il lettore MP3 è un dispositivo. Nel lettore MP3 puoi scaricare musica.
> *Il lettore MP3 è un dispositivo in cui puoi scaricare musica.*

1. Il DVD è un supporto digitale. Nel DVD puoi salvare tanti dati.

   _____

2. Il computer è una macchina. Tutti abbiamo bisogno del computer.

   _____

3. Il libro elettronico è un dispositivo. Con il libro elettronico possiamo leggere libri digitali.

   _____

4. L'SMS è un messaggio. L'SMS si manda con il cellulare.

   _____

5. Internet è una rete pubblica. In Internet possiamo trovare tante informazioni.

   _____

Workbook

**4  Sostituire** Sostituisci le parti sottolineate con uno tra i pronomi relativi suggeriti. Fai tutti i cambiamenti necessari.

| ciò che | quanto | tutti quanti | tutto ciò che |
|---------|--------|--------------|---------------|
| quanti | quello che | tutti quelli che | tutto quello che |

**Modello**

Tutte le persone che erano alla festa hanno sostenuto la nostra causa.
*Tutti quelli che erano alla festa hanno sostenuto la nostra causa.*

1. È importante ringraziare <u>coloro che</u> ti hanno aiutato.

   _____

2. Non mangiare <u>ciò che</u> non ti piace.

   _____

3. <u>La cosa che</u> dici non è vera.

   _____

4. <u>Tutte le persone che</u> lavorano troppo sono sempre molto stressate.

   _____

5. Non puoi immaginare <u>tutte le cose che</u> sono successe dopo che siete andati via.

   _____

**5  Problemi** Completa in maniera logica le frasi usando i pronomi relativi e la tua immaginazione.

**Modello**

L'inquinamento è un problema *di cui tutti siamo responsabili*.
L'esperimento sulle cellule staminali *al quale stiamo lavorando ha suscitato molte polemiche*.

1. Il furto d'identità è un reato (*crime*) _____.
2. Il riciclaggio è una realtà _____.
3. La clonazione è un problema etico _____.
4. La ragione _____ è sbagliata.
5. La ricerca _____ è immorale.
6. I motivi _____ sono giusti.

**6  Tu e la tecnologia** Parla del tuo rapporto con la tecnologia: quali sono gli apparecchi che usi di più e per quale motivo. Scrivi almeno quattro frasi usando i pronomi relativi.

**Modello**

Il computer è un apparecchio elettronico che uso molto,
con cui scrivo i temi e nel quale scarico i miei film preferiti.

| a chi | con cui | del quale | nella quale |
|-------|---------|-----------|-------------|
| con chi | da chi | in cui | per cui |

_____

_____

_____

_____

# 7.3 The subjunctive with expressions of doubt and conjunctions; the past subjunctive

**1** **Opinioni** Laura esprime le sue opinioni sulla scienza e sulla tecnologia. Completa le frasi con il verbo al congiuntivo o all'indicativo.

1. Credo che gli astronauti _____ (fare) un lavoro molto interessante.

2. Dubito che la nanotecnologia _____ (riuscire) a migliorare la vita di tutti i giorni.

3. Suppongo che la vita dei ricercatori _____ (essere) molto faticosa.

4. Secondo me il governo _____ (investire) poco nella ricerca scientifica.

5. È probabile che un giorno gli uomini _____ (vivere) su Marte.

6. È chiaro che l'esperimento non _____ (essere) riuscito.

**2** **Pensieri** Alcuni studenti stanno parlando tra di loro. Scegli tra le due possibilità quella giusta per completare le frasi.

> **Modello**
>
> _Sappiamo_ (Sappiamo/Immaginiamo) che Marco dice la verità.

1. _____ (È possibile/È chiaro) che la mia amica Giovanna non venga alla festa.

2. _____ (È probabile/È ovvio) che i miei genitori mi aiutano a pagare l'università.

3. _____ (Siamo certi/Speriamo) che Luca e Paola arriveranno in tempo.

4. _____ (È sicuro/È improbabile) che io finisca i compiti prima di uscire.

5. _____ (È incredibile/È evidente) che Sofia sia riuscita a comprare una casa.

6. _____ (Sono sicuro/Pare) che tu hai superato l'esame.

**3** **Cose strane** Sonia spiega a Carlo i problemi che ha con il suo nuovo lettore MP3. Completa il dialogo con i verbi al congiuntivo presente o passato.

**CARLO** Ciao Sonia, come va?

**SONIA** Mah, così così, non capisco cosa (1) _____ (succedere) al mio nuovo lettore MP3.

**CARLO** Perché cosa c'è che non va?

**SONIA** Ieri ho scaricato tutte le mie canzoni preferite affinché (2) _____ (potere) ascoltarle durante la mia passeggiata, invece quando l'ho acceso non c'era niente.

**CARLO** Strano, è possibile che tu (3) _____ (scaricare) le canzoni in un'altra cartella del computer invece che sul lettore? Fammi vedere, forse posso aiutarti.

**SONIA** No, non voglio che tu (4) _____ (toccare) il mio MP3, temo che lo (5) _____ (rompere)!

**CARLO** Beh, se proprio non vuoi che io (6) _____ (controllare) il tuo MP3 bisogna che tu lo (7) _____ (portare) da un tecnico.

**SONIA** Speriamo che non (8) _____ (rompersi)!

**4**   **Successi** Esprimi i tuoi dubbi sui successi ottenuti da alcune persone famose.

> **Modello**
>
> Umberto Eco ha vinto un premio letterario quando aveva sette anni.
> **Non credo che Umberto Eco abbia vinto un premio letterario quando aveva sette anni.**

1. Luigi Pirandello ha scritto il suo primo romanzo a dodici anni.

   _____

2. Guglielmo Marconi ha inventato la radio quando aveva nove anni.

   _____

3. Michelangelo ha dipinto la Cappella Sistina in una settimana.

   _____

4. Maria Montessori ha adottato tutti i bambini a cui ha insegnato.

   _____

**5**   **Successi fuori dal comune** Alcuni ricercatori parlano di alcune invenzioni strane. Commenta usando i verbi, le espressioni e le congiunzioni che reggono il congiuntivo.

> **Modello**
>
> È stato sviluppato un software che entra nella tua casella di posta elettronica e risponde automaticamente alle tue e-mail.
> **Non credo che sia una buona idea, a meno che sia necessario il mio permesso per mandare le e-mail.**

1. È stata sviluppata un'auto-barca che si può utilizzare su strade normali o su fiumi.

   _____

2. È stato sviluppato un poggiatesta (*headrest*) che permette di dormire in piedi in autobus o treno.

   _____

3. È stato sviluppato un computer portatile che si arrotola (*rolls up*).

   _____

4. È stato sviluppato un computer con tre schermi.

   _____

5. È stato sviluppato un vestito che aiuta gli anziani a camminare.

   _____

**6**   **La tua opinione** Scrivi la tua opinione sull'inquinamento, uno dei problemi ambientali (*environmental*) più importanti da risolvere nei prossimi anni. Cosa possiamo fare tutti noi per migliorare la situazione? Usa gli elementi suggeriti.

> **Modello**
>
> Penso che l'inquinamento sia tra i maggiori problemi di oggi, nonostante l'uomo abbia fatto molto...

| | | |
|---|---|---|
| a condizione che | pare che | sebbene |
| è probabile che | può darsi che | secondo me |
| nonostante | purché | tutti sanno che |

_____

_____

_____

## 7.4 *Conoscere* and *sapere*

**1** **Informazioni** Maria parla con la sua compagna di stanza. Completa le frasi pronunciate da Maria con la forma giusta dei verbi **conoscere** e **sapere**.

1. La mia amica Sara non _____ cucinare.

2. L'anno scorso _____ molti ricercatori all'università.

3. _____ che domani ci sarà una conferenza sull'inquinamento.

4. I miei nonni non _____ usare il computer.

5. Mio cugino Paolo _____ molti modi per risparmiare energia.

6. _____ un ingegnere che può sistemare il tuo portatile.

**2** **Racconto** Marina racconta come ha conosciuto Giulio. Completa il brano usando la tua immaginazione e i verbi **conoscere** e **sapere**.

(1) _____; mi è subito sembrata una brava persona.

(2) _____, ma alla fine è risultato più intelligente di quanto mi

aspettassi. (3) _____, tra cui l'inglese, il francese e il tedesco.

È un tipo molto interessante, ha viaggiato molto e (4) _____,

come Roma, Parigi, Londra e Vienna. Oltre alla passione per le lingue ha un'altra passione,

la musica; (5) _____ come il pianoforte, il violino e il sassofono.

Inoltre (6) _____; le sue specialità sono le lasagne al salmone e la

torta con il mascarpone. Non posso proprio farmelo scappare!

**3** **Situazioni** Per ogni situazione scrivi un commento con il verbo **sapere** e l'altro con il verbo **conoscere**. Segui il modello.

> **Modello**
>
> all'asilo (*kindergarten*)
> **Non sapevo leggere. / Non conoscevo gli altri bambini.**

1. alle elementari _____

2. a 12 anni _____

3. alle superiori _____

4. a 16 anni _____

5. all'università _____

6. a 18 anni _____

7. da piccolo/a _____

8. l'anno scorso _____

## COMPOSIZIONE

**1° passo**

Leggi l'estratto di un articolo che parla di una recente invenzione e rispondi alle domande.

**Un robot contro l'inquinamento**

È stato sviluppato un robot per rilevare l'inquinamento nei mari, nei fiumi e nei laghi. Il robot ha la forma di un pesce, non inquina, è molto veloce, efficiente e consuma poca energia; tutto ciò gli permette di poter nuotare per molte ore. Grazie alla sua forma potrà nuotare indisturbato e potrà avvicinarsi alle fonti inquinanti e registrare tutte le informazioni. Il compito di questo pesce-robot infatti è quello di scoprire dove le acque sono inquinate ma soprattutto la causa. Una volta finito il giro di perlustrazione (*patrol*) il pesce-robot tornerà dai ricercatori i quali con un semplice cavo USB scaricheranno tutte le informazioni raccolte.

1. Di che invenzione parla l'articolo? _____
   _____

2. Ti pare che sia importante? Perché? _____
   _____

3. Come può funzionare per tante ore? _____
   _____

4. Cosa deve fare questo robot? _____
   _____

5. Come raccolgono le informazioni i ricercatori? _____
   _____

**2° passo**

Ora tocca a te. Scrivi qual è secondo te l'invenzione più o meno importante dei nostri tempi. Paragona questa invenzione ad altre ed esprimi i tuoi dubbi e i tuoi pensieri su di essa. Ricordati di usare il congiuntivo, le congiunzioni che reggono il congiuntivo e i pronomi relativi.

_____
_____
_____
_____
_____
_____
_____
_____
_____
_____
_____

## PER COMINCIARE

**1** **Ravenna, città d'arte** Completa il paragrafo con le parole della lista.

| | | |
|---|---|---|
| battaglie | liberare | regime |
| conquistata | mosaici | scultura |
| imperatore | opere | secolo |
| Impero | opprimeva | si sono svolte |

Mancano testimonianze sicure della fondazione di Ravenna. La più antica è una (1) _____ etrusca del VI (2) _____ a.C. dedicata a un dio della guerra. Successivamente, Ravenna fu (3) _____ dai Romani. Nel 402, l'(4) _____ Onorio la nominò capitale dell' (5) _____ Romano d'Occidente e la città si arricchì di (6) _____ d'arte sul modello di Costantinopoli. Molto famosi sono i suoi (7) _____. Si dice che il musicista Cole Porter compose *Night and Day* pensando al cielo pieno di stelle della cupola del mausoleo di Galla Placidia. Durante la Seconda Guerra Mondiale, i partigiani di Ravenna combatterono duramente per (8) _____ la città dal (9) _____ fascista che l'(10) _____. In seguito alle (11) _____ che (12) _____ in questa città, a Ravenna è stata donata la Medaglia d'Oro al valore militare.

**2** **Recensione letteraria** Usa le parole della lista nella forma adeguata per completare il seguente paragrafo su uno dei capolavori della letteratura neorealista italiana: *L'Agnese va a morire*.

| | | | |
|---|---|---|---|
| biografia | personaggio | svolgersi | tragico |
| fascista | realistico | soggettivo | trama |
| genere | romanzo | strofa | |

La scrittrice bolognese Renata Viganò (1900–1976) divenne famosa in seguito alla pubblicazione del (1) _____ *L'Agnese va a morire* (1949), ispirato alla lotta partigiana contro il partito (2) _____. Il libro ha fornito anche la (3) _____ al bellissimo film omonimo diretto da Giuliano Montaldo. Il (4) _____ principale, una donna di nome Agnese, decide di andare a vivere con i partigiani diventando, per loro, «mamma Agnese». La storia (5) _____ nelle Valli di Comacchio, in Emilia-Romagna. I riferimenti alla (6) _____ dell'autrice sono molto evidenti, e forse per questo le descrizioni sono così (7) _____. Il finale (8) _____ della vita di Agnese e il realismo delle descrizioni rendono questo libro uno dei capolavori del (9) _____ neorealista italiano.

**3** **Composizione** Sei all'università in Italia e devi scegliere uno dei seguenti corsi per completare il tuo piano di studi. Scrivi un paragrafo per spiegare i motivi della tua scelta.

- Pittura rinascimentale
- Storia contemporanea

- Arte e censura
- Le donne e l'arte in Italia

_____

_____

_____

_____

_____

**Workbook**

# Il segreto del santo

In questa scena del cortometraggio *Il segreto del santo*, i due bambini protagonisti, Lapo ed Erminia, hanno trovato due anelli che Erminia affida (*entrusts*) al santo protettore del paese. Che cosa significano gli anelli per i due bambini e perché Erminia li affida al santo? Che impatto ha avuto il segreto del santo sulla vita di Lapo ed Erminia? Secondo te, che cosa rappresenta il santo in questa storia? Scrivi un breve paragrafo con i tuoi pensieri.

_____

_____

_____

_____

_____

_____

_____

# Emilia-Romagna

Indica se ogni frase è **vera** o **falsa**. Correggi quelle false.

**Vero**  **Falso**

○  ○  1. Il grana è un formaggio prodotto nella provincia di Parma.

_____

○  ○  2. La città di Bologna è legata alla produzione del prosciutto.

_____

○  ○  3. L'aceto balsamico si produce solo con il vino.

_____

○  ○  4. In Emilia-Romagna si mangiano solo salumi e formaggi.

_____

○  ○  5. L'azienda Ferrari si occupa solamente di autovetture sportive di alta classe.

_____

○  ○  6. I comuni della Repubblica di San Marino si chiamano castelli.

_____

○  ○  7. L'economia di San Marino si basa sul turismo e sull'industria alimentare.

_____

○  ○  8. Ravenna è la città in Emilia-Romagna che conserva il maggior numero di mosaici.

_____

STRUTTURE

## 8.1 Uses of the infinitive

**1** **La trama** Completa la trama del romanzo *L'Agnese va a morire* usando l'infinito presente o passato.

Dopo (1) _____ (assistere) alla deportazione di suo marito per mano dei soldati tedeschi, Agnese decide di (2) _____ (unirsi) alla Resistenza. Inizialmente, Agnese continua a (3) _____ (vivere) nella propria casa e fa «la staffetta» (*dispatch rider*) per (4) _____ (portare) cibo, informazioni segrete e armi da un paese all'altro. Un giorno, Agnese rimane sconvolta (*distraught*) per (5) _____ (vedere) la sua gatta nera uccisa da un soldato tedesco. La gatta nera rappresentava il mondo affettivo di Agnese e di suo marito. Così la donna, di notte, uccide il soldato e va a (6) _____ (vivere) in montagna, dedicando il resto della vita a (7) _____ (svolgere) lavori domestici per i partigiani. Dopo varie vicende, la protagonista viene assassinata da un soldato tedesco. Renata Viganò è stata molto apprezzata per (8) _____ (pubblicare) il libro poco dopo gli avvenimenti della Seconda Guerra Mondiale e quindi per (9) _____ (descrivere) le scene con crudo realismo.

**2** **Consigli per un viaggio** Gianni è appena tornato dall'Emilia-Romagna, ed è pronto a dare consigli utili agli amici. Completa il paragrafo inserendo le preposizioni appropriate, dove necessario.

Sono contento (1) _____ aver visitato l'Emilia-Romagna perché tutti dicono che bisogna (2) _____ andarci (3) _____ conoscere la bontà della cucina italiana. Tuttavia, io penso che sia possibile (4) _____ gustare un piatto speciale in ogni regione italiana! Così, quando viaggio, invece (5) _____ visitare musei e opere d'arte, visito i ristoranti della zona. Prima (6) _____ partire, faccio una ricerca dei piatti tipici e, quando sono lì, comincio (7) _____ cercare un buon posto (8) _____ mangiare. Con l'esperienza, ho capito che è meglio (9) _____ provare i ristoranti piccoli e locali, piuttosto che quelli grandi e raffinati. Agli amici che viaggiano mi piace (10) _____ dare sempre un consiglio: non si può (11) _____ visitare l'Emilia-Romagna senza (12) _____ mangiare almeno una volta le tagliatelle al ragù o al burro e parmigiano: sono speciali!

**3** **Libere interpretazioni** Leggi le seguenti affermazioni ed interpretane il significato, riformulando le frasi con i verbi della lista.

**Modello**

Andiamo un'altra volta in Italia?
*Voglio andare un'altra volta in Italia.*

| desiderare | piacere | preferire | volere |
| dovere | potere | sapere | |

1. No, grazie. Non mi piace leggere i romanzi. Piuttosto, leggo i gialli (*thrillers*).

   _____

2. Mi diverto molto quando capisco chi è l'assassino.

   _____

3. C'è un bar. Prendiamo un gelato?

   _____

4. Oggi è bene che io studi per l'esame di domani.

   _____

5. Ho la febbre. Oggi non esco.

   _____

Workbook

**4** **Guarda e descrivi** Guarda le immagini e descrivile usando le espressioni della lista seguite da un infinito al presente o al passato.

> *Modello*
>
> *Prima di gettare un rifiuto, è bene capire di che materiale è fatto. / Dopo aver comprato un oggetto, bisogna gettarlo nel contenitore giusto.*

| basta | dopo | è possibile | non si può |
|-------|------|-------------|------------|
| bisogna | è bene | invece di | prima di |

_____  _____

_____  _____

_____  _____

**5** **Scriviamo** Scegli uno dei seguenti argomenti e scrivi una serie di istruzioni usando l'infinito.

- come preparare un piatto semplice e gustoso
- come raggiungere la biblioteca dalla tua scuola
- come controllare la propria posta elettronica

_____

_____

_____

_____

**6** **Un consiglio da amico** Usa le espressioni impersonali della lista per consigliare a queste persone come superare i loro problemi.

> basta/basterebbe    bisogna/bisognerebbe    è/sarebbe meglio    è/sarebbe bene

1. Teresa è depressa perché è a metà del libro e non ha ancora capito chi è l'assassino.

_____

2. Il fratellino di Giorgia piange perché non riesce ad imparare a memoria l'ultima strofa della poesia.

_____

3. Angela è nervosa perché, spolverando, ha fatto cadere una statuetta di cristallo che le aveva regalato il suo primo fidanzato.

_____

4. Giuseppe ama i programmi satirici e non riesce a condividere con sua moglie la passione per i film neorealisti.

_____

_____

## 8.2 Disjunctive pronouns; prepositions

**1** **Comacchio** Completa il paragrafo sulla città di Comacchio usando le preposizioni appropriate. Se necessario, combina le preposizioni con l'articolo.

> **Modello**
>
> I canali <u>della</u> (la) città <u>di</u> Comacchio ricordano quelli veneziani.

Chi non è mai stato (1) _____ Comacchio, (2) _____ Emilia-Romagna, forse non sa che questa piccola città è chiamata la «Piccola Venezia». La città, infatti, è situata (3) _____ Po. È romantico passeggiare (4) _____ (la) città, lungo i canali, (5) _____ (i) ponti (6) _____ pietra, soprattutto (7) _____ inverno, quando l'atmosfera è misteriosa (8) _____ (la) nebbia che copre tutto. Il clima è molto umido e (9) _____ questo motivo, se andate (10) _____ (il) periodo invernale, indossate un maglione (11) _____ lana e copritevi (12) _____ un cappotto pesante. Se viaggiate (13) _____ treno, dopo essere arrivati (14) _____ (la) stazione (15) _____ Ferrara, proseguite (16) _____ autobus, ma cercate di arrivare presto: (17) _____ notte i mezzi pubblici non viaggiano!

**2** **In viaggio** Completa le frasi scegliendo la preposizione giusta.

1. _____ (Durante/Dietro) la Seconda Guerra Mondiale, i partigiani di Comacchio combatterono valorosamente.

2. Non puoi andare via dall'Emilia-Romagna _____ (contro/senza) aver visitato Ferrara.

3. Tutti _____ (tranne/dopo) me sapevano che l'Università di Bologna è la più antica del mondo occidentale.

4. Quando viaggio mi piace visitare tutto _____ (salvo/senza) i musei.

5. Se vuoi andare da Ferrara a Comacchio devi informarti sugli orari degli autobus _____ (mediante/oltre) il sito dell'azienda dei trasporti.

6. Vuoi venire in Italia con me? Parto _____ (in/fra) una settimana.

**3** **Quello che vedi** Osserva le immagini e scrivi almeno tre frasi per descriverle, usando le preposizioni studiate e almeno un pronome tonico (*disjunctive pronoun*).

> **Modello**
>
> Due persone si salutano all'entrata. Una ragazza è seduta sulla cattedra. Un'altra ragazza parla con lei.

_____

_____

_____

_____

_____

_____

_____

_____

Workbook

**4**   **La dichiarazione più bella** Sei sul Ponte dei Trepponti a Comacchio e stai facendo una dichiarazione d'amore al/la tuo/a ragazzo/a. Unisci gli elementi delle tre colonne e usa la tua creatività per scrivere una dichiarazione romantica e (speriamo!) efficace.

| | | |
|---|---|---|
| passeggiare | con | me |
| viaggiare | da | te |
| venire | di | lui/lei |
| divertirsi | dopo | noi |
| arrivare | per | voi |
| andare | senza | loro |
| ? | su | |
| | tranne | |

_____

_____

_____

_____

**5**   **Una storia** Usa le parole della lista per scrivere l'inizio di una storia, cercando di imitare un genere conosciuto: un romanzo d'amore, un giallo, un romanzo gotico o fantasy.

| | | |
|---|---|---|
| lui/lei | con | per |
| loro | di | presso |
| noi | dietro | sotto |
| me | durante | tranne |
| | mediante | |

_____

_____

_____

_____

_____

_____

_____

_____

_____

_____

_____

_____

_____

_____

_____

_____

  

## 8.3 Verbs followed by prepositions

**1** **Richiesta di aiuto** Leggi l'e-mail e completala con le preposizioni appropriate.

| Da: | marco@immaginavhl.it |
|---|---|
| A: | andrea@immaginavhl.it |
| Oggetto: | Aiuto! |

Ciao Andrea, come stai?

Io non mi sono ancora abituato (1) _____ rispettare il ritmo scolastico dopo le vacanze. Mi sveglio ancora tardi la mattina e non riesco (2) _____ arrivare a lezione in tempo. Forse la sera farei meglio (3) _____ andare a letto prima. Mi rendo conto (4) _____ non essere abbastanza concentrato quando cerco (5) _____ studiare. Ho appena finito (6) _____ leggere il primo canto de *L'Orlando Furioso* e già non ricordo più niente. Provo (7) _____ convincermi che è un libro interessante, ma ho paura (8) _____ non essere abbastanza persuasivo... Posso chiederti (9) _____ inviarmi un breve riassunto dei canti da leggere per domani?

Ti prometto (10) _____ non disturbarti più per tutto il resto dell'anno!
Grazie, Marco.

**2** **L'Orlando Furioso** Coniuga i verbi della lista per completare il seguente paragrafo su *L'Orlando Furioso*, un capolavoro della letteratura italiana del 1500. Ricordati di aggiungere la preposizione appropriata dopo ogni verbo.

| andare | cominciare | essere pronto | invitare | riuscire |
|---|---|---|---|---|
| cercare | continuare | innamorarsi | mettersi | venire |

Ludovico Ariosto (Reggio Emilia, 8 settembre 1474 - Ferrara, 6 luglio 1533) è l'autore de *l'Orlando Furioso*, il più famoso poema cavalleresco italiano. Ariosto (1) _____ scrivere *l'Orlando Furioso* nel 1505, ma (2) _____ lavorarci fino al 1532. La trama è complicata: mentre cristiani e musulmani combattono, Orlando (3) _____ Angelica, una donna bellissima, ma molto cinica e furba. Orlando (4) _____ dedicarle tutta la sua vita e per questo (5) _____ cercarla ovunque. Orlando addirittura impazzisce quando (6) _____ sapere che Angelica è già sposata, ma il suo amico Astolfo (7) _____ riprendere la ragione del compagno sulla luna (!!!) e (8) _____ riportarlo alla normalità. Con questo poema, Ariosto ci (9) _____ non perdere la razionalità per le questioni d'amore e (10) _____ farci capire che la realtà è sempre diversa da quello che immaginiamo. Che storia moderna!

**3** **Il piacere di studiare** Ecco come ha reagito Andrea all'e-mail di Marco. Completa le frasi cerchiando il verbo appropriato.

1. Andrea legge l'e-mail di Marco ma _____ (pensa di/pensa a) non rispondere.

2. Andrea ama studiare, così _____ (finisce di/finisce per) aiutare gli altri anche quando è stanco.

3. I compagni, invece, _____ (pensano di/pensano a) divertirsi solamente.

4. Questa volta, Andrea _____ (decide di/si decide a) non inviare i riassunti a Marco.

5. Alla fine, Marco _____ (decide di/si decide a) leggere *l'Orlando Furioso*.

6. In quattro giorni, Marco _____ (finisce di/ finisce per) leggere tutto il libro e lo consiglia ai suoi amici!

**4** **Un incontro inatteso (*unexpected*)** Guarda le immagini e scrivi la storia di Margherita e Alessandro usando almeno otto verbi della lista.

| | | |
|---|---|---|
| accorgersi di | dimenticarsi di | persuadere a |
| avere fretta di | fare attenzione a | promettere di |
| chiedere di | lamentarsi di | ridere di |
| decidersi a | obbligare a | rinunciare a |

_____
_____
_____
_____
_____
_____
_____
_____
_____
_____

**5** **Mini-dialoghi** Crea dei mini-dialoghi usando il verbo suggerito tra parentesi e tutta la tua creatività.

**Modello**

**Mauro** (vivere): *Voglio vivere di arte!*

1. **Sandra** (dimenticarsi): _____

   **Leonardo** (provare): _____

2. **Elisa** (ridere): _____

   **Pietro** (cessare): _____

3. **Giovanna** (preoccuparsi): _____

   **Paola** (promettere): _____

4. **Simona** (avere vergogna): _____

   **Danilo** (assomigliare): _____

5. **Manuela** (avere paura): _____

   **Fabio** (rinunciare): _____

6. **Milena** (fare attenzione): _____

   **Franco** (rendersi conto): _____

## 8.4 Gerunds and participles

**1**  **Diario di viaggio** Paola sta facendo un viaggio per l'Italia assieme al suo ragazzo Filippo. Completa la sua pagina di diario usando i verbi tra parentesi nella forma appropriata di gerundio o participio.

(1) _____ (andare) da Bologna verso Milano, ci siamo fermati un paio di giorni a Parma:

che meraviglia! (2) _____ (leggere) un depliant (*brochure*) turistico, abbiamo saputo

del Museo Italiano della Profumeria. (3) _____ (arrivare) lì, una guida ci ha dato molte

informazioni (4) _____ (riguardare) l'arte, la grafica, il costume e i profumi dal 1870 al

1950. (5) _____ (visitare) il museo, si possono odorare oltre duecento oli essenziali e seguire

le varie fasi della creazione di un profumo! Alcuni odori erano (6) _____ (nauseare), devo

ammetterlo, ma la «Violetta di Parma», il (7) _____ (preferire) dalla duchessa Maria Luigia,

era delizioso! (8) _____ (passare) tutto il pomeriggio tra profumi di ogni tipo, alla fine della

giornata non avevamo fame. Così, (9) _____ (tornare) in albergo, abbiamo deciso di saltare

(*skip*) la cena. (10) _____ (andare) a letto senza cena, il giorno dopo eravamo affamati.

(11) _____ (rifare) le valigie in tutta fretta e (12) _____ (pagare) il conto

all'albergo, siamo corsi in una gastronomia e abbiamo comprato quattro panini al prosciutto di Parma

e parmigiano reggiano: che specialità!

**2**  **Osserva e interpreta** Scrivi una frase per ogni immagine usando un gerundio presente a piacimento.

> **Modello**
>
> Ascoltando la lezione, gli studenti hanno imparato la storia degli antichi romani.

Imparare la storia degli antichi romani

1. Capire di odiare la scultura

2. Spendere tutti i soldi che avevo

3. Rompere un prezioso piatto

4. Prendere un raffreddore

5. Sentire una notizia scandalosa

_____  _____  _____  _____  _____

_____  _____  _____  _____  _____

**3**  **Il cantastorie (*the story-teller*)** Su un foglio a parte, racconta una storia che già conosci oppure frutto della tua fantasia. Quando è possibile, usa il gerundio presente, il gerundio passato e il participio passato per collegare le frasi tra di loro.

> **Modello**
>
> C'era una volta un re che, camminando per il paese e ascoltando i discorsi dei suoi
> sudditi (*subjects*), si è accorto che il suo popolo era insoddisfatto. Tornato a casa,
> ha parlato con la regina e insieme hanno cercato di pensare a una soluzione...

## COMPOSIZIONE

### 1° passo

Pensa a un libro che ti è (o non ti è) piaciuto particolarmente e completa la seguente tabella.

| | |
|---|---|
| **Autore** | |
| **Titolo** | |
| **Data di stesura** | |
| **Genere** | |
| **Personaggi** | |
| **Trama** | |
| **Punto di vista** | |
| **Messaggio** | |

### 2° passo

Ora scrivi una breve recensione del libro spiegando perché ti è o non ti è piaciuto. Aiutati con le parole della lista.

| cercare di | invitare a | pensare a | preoccuparsi di | riuscire a |
|---|---|---|---|---|
| incoraggiare a | parlare di | persuadere a | rinunciare a | trattare di |

_____

_____

_____

_____

_____

_____

_____

_____

_____

_____

_____

_____

_____

_____

_____

_____

_____

Workbook

**PER COMINCIARE**

# Lezione 9

**1** **Programmi TV** Completa la guida ai programmi della settimana con le parole nel riquadro.

| | | |
|---|---|---|
| in diretta | puntata | telegiornale |
| inviato speciale | sondaggio | trasmetterà |

1. Questa sera alle 20:30 verrà trasmessa _____ la partita Italia – Francia.
2. Nel _____ della sera daremo ampio spazio alle notizie di attualità.
3. Domani andrà in onda l'ultima _____ della serie TV *Pinocchio*.
4. Domani sera, nello speciale sul cinema italiano, commenteremo il _____ fatto di recente per capire come mai i giovani vanno poco al cinema.
5. Grazie al nostro _____ potremo conoscere i grandi attori premiati al Festival internazionale del cinema di Roma.
6. Domani alle 21:30, RAI1 _____ in prima assoluta l'ultimo film di Giuseppe Tornatore.

**2** **L'intruso** Trova la parola o l'espressione che non c'entra e poi usala per scrivere una frase.

1. la cronaca / la rubrica / il radiogiornale / il comunicato stampa

   _____

2. il fumetto / il giornale / la rivista / il documentario

   _____

3. il patrimonio culturale / il giornalista / il cronista / l'inviato

   _____

4. la radio / l'attore / la televisione / la stampa

   _____

5. il carnevale / la pasquetta / il ferragosto / la pubblicità

   _____

6. i cartoni animati / lo schermo / l'oroscopo / la telenovela

   _____

**3** **Tu e i media** Rispondi alle domande.

1. Cosa fai per tenerti informato/a?

   _____

2. Leggi giornali italiani in linea? Quali?

   _____

3. Cosa guardi in TV?

   _____

4. Qual è il tuo programma preferito?

   _____

5. Quante ore al giorno passi davanti alla TV?

   _____

6. Preferisci la TV o la radio? Perché?

   _____

7. Quali film guardi di solito al cinema?

   _____

## CORTOMETRAGGIO

# Che gioia!

Michele, il protagonista di questa scena del cortometraggio *Che gioia!*, rimprovera i genitori perché non guardano abbastanza la TV. Lui, invece, è felicissimo. Perché? In che modo Michele è finito in TV? Perché essere il protagonista di un fatto di cronaca lo rende felice? Che tipo di persona era prima che la sua storia diventasse pubblica? Secondo te, la gioia di Michele nel film è autentica oppure è la rappresentazione di qualche altra cosa?

_____

_____

_____

_____

_____

_____

_____

_____

_____

_____

## IMMAGINA

# Liguria

Rispondi alle domande con frasi complete.

1. Che cosa sono le Cinque Terre?

_____

2. Che immagine di Genova si scopre visitando i palazzi dei Rolli?

_____

3. Che tipo di vino si produce nei vigneti delle colline delle Cinque Terre?

_____

4. Chi partecipa al Festival di Sanremo e chi decide quale canzone vince?

_____

5. Dove si trovano alcune delle opere architettoniche di Renzo Piano?

_____

## STRUTTURE

### 9.1 The imperfect subjunctive and the past perfect subjunctive; tense sequencing

**1**   **Dopo il film** Alcune persone uscendo dal cinema delusi commentano il film appena visto. Completa le frasi con il congiuntivo imperfetto.

1. Speravo che gli effetti speciali _____ (essere) migliori.

2. Non pensavo che il film _____ (finire) così all'improvviso.

3. Credevo che l'eroe non _____ (morire).

4. Pensavo che gli autori _____ (dare) più spazio al coprotagonista.

5. Credevo che il film _____ (trattare) argomenti più interessanti.

6. Non immaginavo che il regista _____ (stare) preparando il seguito del film.

**2**   **Donna Oggi** Roberta e Alessia parlano di un nuovo settimanale appena pubblicato. Completa la conversazione con i verbi suggeriti al congiuntivo imperfetto.

| dare | fare | occuparsi |
|------|------|-----------|
| essere | intervistare | scrivere |

**ALESSIA**   Ciao Roberta, hai letto il nuovo settimanale femminile?

**ROBERTA**   Sì, l'ho letto e non mi è piaciuto molto, pensavo che (1) _____ diverso da tutti gli altri.

**ALESSIA**   Ah sì? E perché?

**ROBERTA**   Credevo che (2) _____ del mondo delle donne di oggi e che (3) _____ più spazio a problemi attuali.

**ALESSIA**   Sì in effetti hai ragione, è molto simile agli altri settimanali già in circolazione.

**ROBERTA**   Inoltre speravo che i giornalisti (4) _____ in un linguaggio più comprensibile e che (5) _____ anche persone comuni e non solo personaggi famosi. E poi sempre le solite foto noiose, avrei preferito che i fotografi (6) _____ foto più interessanti!

**3**   **Festeggiamenti** Completa le frasi con il verbo al congiuntivo trapassato e l'avverbio al posto giusto.

> **Modello**
>
> Pensava che le celebrazioni
> _fossero già finite_ (già / finire).

1. Giulia temeva che la sua amica non _____ (ancora / informarsi) sul calendario dei festeggiamenti.

2. Credevamo che voi _____ (già / festeggiare) senza di noi.

3. Pensavano che i figli _____ (sempre / partecipare) alle celebrazioni.

4. Mi stupiva che tu non _____ (ancora / capire) l'importanza del patrimonio culturale.

5. Mi sembrava che loro non _____ (mai / studiare) il folclore locale.

6. Dubitavano che voi non _____ (più / andare) alla festa del patrono.

**4** **Roberto Benigni** Riscrivi le frasi al passato coniugando i verbi sottolineati al modo e al tempo giusto.

> **Modello**
>
> Alcuni pensano che Roberto Benigni abbia fatto solo commedie.
> Alcuni pensavano che Roberto Benigni *avesse fatto solo commedie.*

1. Alcune persone pensano che Benigni sia solo un attore.
   Alcune persone pensavano che Benigni _____.
2. Altri credono che abbia fatto solo film comici.
   Altri credevano che _____.
3. Alcuni dubitano che Benigni abbia recitato a memoria *La Divina Commedia* in teatro.
   Alcuni dubitavano che Benigni _____.
4. Molti pensano che lui non canti bene.
   Molti pensavano che lui _____.

**5** **Cinecittà** Leggi le frasi e commentale con il congiuntivo al tempo giusto.

> **Modello**
>
> Molti attori italiani sono conosciuti all'estero.
> *Non pensavo/avrei mai pensato che molti attori italiani fossero conosciuti all'estero.*

1. A Roma ci sono studi e teatri per la realizzazione di film e programmi TV.

   _____

2. Cinecittà è chiamata la Hollywood sul Tevere.

   _____

3. Il regime fascista sostenne la produzione di film a Cinecittà.

   _____

4. A Cinecittà sono stati girati *Ben Hur, Cleopatra* e *Gangs of New York* tra gli altri.

   _____

5. Molti registi stranieri sono venuti a lavorare a Cinecittà.

   _____

**6** **Notizie incredibili** Commenta le notizie e prova a immaginare cosa può essere accaduto. Utilizza le espressioni della lista e il congiuntivo al tempo giusto.

> **Modello**
>
> Secondo me è impossibile che dopo tanti anni abbiano ritrovato un nuovo dipinto di
> Michelangelo. È probabile che...

| | | |
|---|---|---|
| È possibile / impossibile che | Si dice che | Penso / non penso |
| È probabile / improbabile che | Pare che | Credo / non credo |

1. Un uomo trova un quadro dipinto da Michelangelo nella soffitta del nonno.

   _____

   _____

2. Una donna ritrova la sorella, da cui era stata separata da bambina, guardando una trasmissione TV.

   _____

   _____

# 9.2 Indefinite adjectives and pronouns

**1**  **Al giornale** Un giornale è stato premiato. Completa le frasi scegliendo tra le due possibilità.

1. _____ (Alcuni/Ogni) giornalisti sono stati premiati.

2. _____ (Ogni/Tutti) i dipendenti hanno festeggiato il premio.

3. _____ (Qualche/Qualcuno) articolo è stato letto alla cerimonia di premiazione.

4. _____ (Certi/Ogni) articoli erano migliori di altri.

5. _____ (Alcuni/Ciascun) giornalista ha ringraziato per il premio.

6. Un giornalista era emozionato e si era scritto _____ (qualcosa/qualche) da dire.

7. _____ (Qualcuno/Tanti) non ha potuto ritirare il premio perché era malato.

8. _____ (Tutti/Ognuno) si sono alzati in piedi per applaudire il vincitore del premio alla carriera.

**2**  **Le serie TV** Completa il brano che parla di una nuova tendenza della TV italiana con le parole della lista.

| alcuni | nessun | qualcuna | tanta |
|--------|--------|----------|-------|
| molte  | ogni   | qualunque | tutti |

Le serie televisive sono una nuova realtà della TV italiana. (1) _____ canale TV investe in questo nuovo prodotto. (2) _____ canali producono le loro serie televisive e poi ne rivendono (3) _____ a TV estere. (4) _____ serie televisive hanno un enorme successo e (5) _____ critico televisivo si aspettava (6) _____ popolarità. (7) _____ sia l'argomento, (8) _____ si fermano a guardare.

**3**  **Pasquetta** Il giorno dopo Pasqua molti italiani fanno un picnic fuori città. Riscrivi le frasi sostituendo gli aggettivi indefiniti sottolineati con i pronomi indefiniti. Fai le modifiche necessarie.

> **Modello**
>
> Molte persone hanno fatto un picnic fuori città.
> **Molti hanno fatto un picnic fuori città.**

1. Alcune persone sono arrivate tardi.

   _____

2. Poche persone hanno portato i panini.

   _____

3. Molte persone hanno dimenticato le bibite.

   _____

4. Qualche persona ha portato i dolci.

   _____

5. Nessuna persona ha portato il caffè.

   _____

6. Tutte le persone si sono divertite.

   _____

Workbook

**4** **Notizie** Completa le notizie con le parole della lista.

| alcuni | ogni | qualche | tutte |
|--------|------|---------|-------|
| nessuno | parecchie | qualcuno | tutti |

1. _____ i giornalisti faranno sciopero domani.
2. _____ registi hanno deciso di girare un documentario sulle catastrofi ambientali.
3. _____ attrici guadagnano meno dei loro colleghi.
4. _____ mensile ha pubblicato la notizia.
5. _____ editore è orgoglioso del suo giornale.

**5** **Informazioni diverse** Due giornalisti si stanno occupando dello stesso caso ma hanno informazioni completamente diverse. Completa il dialogo contraddicendo quello che dice uno dei due giornalisti.

> **Modello**
>
> Secondo le mie fonti, nessuno ha chiamato la polizia
> *Secondo le mie fonti, qualcuno ha chiamato la polizia.*

1. Secondo le mie fonti, ci sono alcuni testimoni.

_____

2. I passanti hanno visto qualcosa.

_____

3. Ci sono molti sospettati.

_____

4. Tutti hanno collaborato.

_____

5. Abbiamo tanto su cui lavorare.

_____

6. Secondo me scopriremo qualcosa.

_____

**6** **Affermazioni esagerate** Leggi le affermazioni esagerate sui mezzi di comunicazione di massa. Dai la tua opinione ridimensionando le affermazioni e usando gli aggettivi e i pronomi indefiniti. Segui il modello.

> **Modello**
>
> Tutti i telegiornali sono sensazionalistici.
> *Alcuni telegiornali, ma non tutti, sono sensazionalistici. Qualche programma riporta le notizie in modo professionale senza concentrarsi su sangue, incidenti e assassini.*

1. Tutte le riviste si occupano di pettegolezzi (*gossip*).

_____

2. Tutti i documentari sono noiosi.

_____

3. Tutti gli effetti speciali sono innaturali.

_____

4. Tutte le telenovelas sono ridicole.

_____

5. Tutti i cartoni animati sono per bambini.

_____

## 9.3 Hypothetical statements

**1** **Mezzi di comunicazione** Completa le frasi con la forma giusta del verbo.

> **Modello**
> Se vai al cinema, _vengo_ (venire) con te.

1. Se _____ (leggere) il giornale, ti tieni informato sull'attualità.

2. Se i bambini guardano troppa TV, _____ (diventare) poco creativi.

3. Se hai già guardato il film, non _____ (dire a me) come va a finire.

4. Se non _____ (scrivere) l'articolo per oggi, lo faranno per domani.

5. Se _____ (guardare) una puntata della telenovela, non smetterà più di seguirla.

6. Se avete letto qualcosa di bello, _____ (potere) consigliarmelo?

7. Se comprate il giornale, mi _____ (dare) l'inserto della domenica?

8. Se _____ (vedere già) questo documentario, puoi scegliere qualcos'altro.

**2** **Problemi nei media** Alcune persone che lavorano nel mondo dei media non fanno bene il loro lavoro. Completa le frasi con i modi e tempi giusti.

1. Se quell'attore _____ (recitare) meglio, avrebbe più successo.

2. Se il redattore _____ (pubblicare) quelle foto, sarebbe stato di cattivo gusto.

3. Se i doppiatori non avessero fatto sciopero, il film _____ (uscire) prima.

4. Se l'inviato speciale non _____ (essere) malato, ora il direttore avrebbe l'articolo.

5. Se gli ascoltatori fossero stati più attenti, _____ (capire) che l'intervista era falsa.

6. Se l'editore non _____ (scusarsi), i lettori saranno furiosi.

7. Se il regista non avesse litigato con gli attori, il risultato _____ (essere) migliore.

8. Se i filmati non _____ (arrivare) in tempo, il telegiornale andrà in onda senza immagini.

**2** **Collegamenti** Collega le frasi nel modo più opportuno.

1. Se vai al cinema _____     a. guarderebbero un cartone animato stasera.

2. Se potessero _____     b. lo avrebbero saputo.

3. Se avessimo avuto più soldi _____     c. puoi fare domanda presso un giornale.

4. Se hai già lavorato come cronista _____     d. chiamami!

5. Se avessero letto il giornale _____     e. non farei le telenovelas.

6. Se fossi un'attrice _____     f. avremmo migliorato gli effetti speciali.

**4** **Se...** Completa le frasi usando la tua immaginazione e il periodo ipotetico giusto.

1. Se in questo momento non stessi studiando italiano, _____.
2. Se avessi studiato un'altra lingua straniera, _____.
3. Se trovassi un assegno da 1 milione di euro, _____.
4. Se avessi scelto un'altra università, _____.
5. Se avessi più tempo libero, _____.
6. _____, vado a fare una passeggiata.
7. _____, avrebbe accettato l'invito.
8. _____, telefonerebbe.

**5** **Se fossi...** Scrivi cosa faresti e/o come saresti se fossi le persone nelle immagini.

> **Modello**
>
> Se stessi aspettando l'autobus a quella temperatura, morirei di freddo!

1. _____

2. _____

3. _____

**6** **Ipotesi** Scegli quattro o cinque situazioni tra quelle suggerite e scrivi un paio di frasi per dire cosa faresti in quella situazione utilizzando il periodo ipotetico.

> **Modello**
>
> Se vincessi alla lotteria farei un viaggio intorno al mondo, poi al mio ritorno comprerei una casa bellissima. Se poi avessi ancora soldi, aiuterei la mia famiglia.

- Sei un giornalista che segue la Prima Guerra Mondiale.
- Uno sconosciuto ti propone di diventare top model.
- Per un anno puoi fare tutto ciò che vuoi.
- Sei il presidente degli Stati Uniti.

- Vinci alla lotteria.
- Puoi viaggiare nel tempo.
- Sei un animale.
- Sei immortale.

_____

_____

_____

_____

_____

_____

_____

Workbook

## 9.4 Other uses of the subjunctive

**1** **Congiuntivo o indicativo?** Scegli il verbo giusto per completare le frasi.

1. Devo trovare un editore che _____ (pubblichi/pubblica) il mio romanzo.

2. *La vita è bella* è il film più bello che _____ (abbia/ho) mai visto.

3. Andiamo a vedere il film che _____ (sia/è) uscito ieri.

4. Marco legge il giornale tutte le mattine in qualsiasi paese _____ (si trovi/si trova).

5. Quel documentario non _____ (tratti/tratta) nulla d'interessante.

6. *Nuovo cinema paradiso* è il primo film italiano che _____ (abbiano/hanno) visto.

**2** **Pareri** Completa le frasi con i verbi suggeriti al modo e tempo giusto.

| | | |
|---|---|---|
| dirigere | potere | scrivere |
| leggere | prendere | volere |

1. Qualsiasi decisione tu _____, noi saremo con te.

2. Non hanno niente che _____ servirci.

3. Abbiamo bisogno di qualcuno che _____ un articolo per il giornale.

4. È la rivista meno interessante che _____.

5. Chiunque _____ può partecipare ai festeggiamenti.

6. Qualunque film _____ quel regista, è un successo.

**3** **La tua opinione** Esprimi la tua opinione sui seguenti argomenti. Puoi utilizzare il congiuntivo presente o passato.

> **Modello**
>
> La miglior attrice
> Monica Bellucci è la miglior attrice che io conosca / che io abbia mai visto.

1. Il miglior regalo _____

2. Il miglior dolce _____

3. Il peggior libro _____

4. La miglior pubblicità _____

5. L'attore più credibile _____

6. Il quadro più famoso _____

7. La materia più difficile _____

8. Il ristorante più elegante _____

Workbook

Workbook

## COMPOSIZIONE

### 1° passo

È stato organizzato un concorso per creare nuovi reality show. Leggi le proposte e poi rispondi
alle domande.

- **Il giornale** Dodici concorrenti devono stampare un nuovo giornale. Ogni settimana sarà scelto un
  direttore che gestirà la redazione. Ogni settimana saranno mandati in nomination due concorrenti,
  uno scelto dal direttore e uno dagli altri concorrenti. Vincerà, tra i concorrenti rimasti in gioco,
  quello che riuscirà a vendere più copie del suo giornale.
- **La campagna** Dodici concorrenti divisi in due squadre devono sfidarsi nella conduzione di due
  aziende agricole. Ogni settimana saranno mandati in nomination due concorrenti della squadra che
  ha perso nelle prove. Vincerà la squadra che riuscirà a produrre più prodotti agricoli e a venderli.
- **La traversata** Dodici concorrenti divisi in due squadre si sfideranno nella traversata dall'Italia
  all'America in imbarcazioni ricostruite sul modello delle caravelle di Colombo. Vincerà la squadra
  che per prima arriverà a Boston.

1. Ci sono proposte che ti sembrano migliori di altre? Fai una classifica.

_____

_____

2. Ci sono proposte impossibili da realizzare? Qual è la proposta più attuabile e quella meno fattibile?

_____

_____

3. Quale proposta pensi che avrebbe più successo? Perché?

_____

_____

4. Qual è il più divertente reality show che tu abbia mai visto? Qual è il peggiore?

_____

_____

### 2° passo

Sei il presidente della giuria che deve decidere quale proposta vincerà il concorso e sarà utilizzata per
realizzare un nuovo reality show.

Su un foglio a parte, scrivi al(la) vincitore/vincitrice per comunicargli/le che la sua idea ha vinto
il concorso e per spiegare la tua decisione. Copri i seguenti punti e utilizza le espressioni, verbi e
parole suggerite.

- Fai un confronto tra la proposta vincitrice e le altre.
- Spiega cosa rende questa proposta così unica rispetto alle altre.
- Illustra cosa faresti tu di diverso se potessi apportare delle modifiche alla proposta. Spiegane il motivo.

| | | |
|---|---|---|
| Non immaginavo che... | ciascuno | unico |
| Non credevo che... | nessuno | primo |
| alcuni | qualunque | Se io... |
| qualche | il migliore/peggiore... che | |

**PER COMINCIARE**

# Lezione 10

**1** **Italia, paese di debitori...** Usa le parole della lista per completare il seguente articolo sulla situazione lavorativa ed economica in Italia.

| | | | |
|---|---|---|---|
| a lungo termine | colloqui | lavoro a orario ridotto | qualifiche |
| andare in pensione | debiti | mutui | tassi di interesse |

## Paese di debitori

Un cambiamento radicale nella società italiana degli ultimi anni è stato portato dai contratti di (1) _____ e dai contratti «a progetto», cioè che terminano quando il progetto finisce. Si parla, in questo caso,

di lavoro «precario». Paradossalmente, negli ultimi anni è aumentato il numero di (2) _____ di lavoro, è aumentato anche il numero e il tipo di (3) _____ che un lavoratore ha, ma manca la sicurezza di lavorare per tutta la vita e poi, finalmente, (4) _____ Fare investimenti (5) _____

è diventato sempre più rischioso e i (6) _____ che le banche concedono ai lavoratori precari hanno (7) _____ altissimi.

Di conseguenza, è aumentato anche il numero di italiani che ha (8) _____ con le banche. L'Italia è un paese di debitori!

**2** **Non è tutta colpa della crisi...** Alcuni sociologi pensano che la crisi economica non sia l'unica causa dell'indebitamento degli italiani. Completa il seguente articolo usando la forma corretta delle parole della lista.

| | | | |
|---|---|---|---|
| finanziario | mercato immobiliare | risparmiare | sindacato |
| investimento | prestito | risparmio | stipendio minimo |

## Impariamo a risparmiare

Secondo alcuni sociologi, in seguito al boom economico seguito alla Seconda Guerra Mondiale, le abitudini degli italiani sarebbero cambiate radicalmente. Sembra infatti che molti

italiani chiedano (1) _____ alle banche non per avere accesso al (2) _____, che costituisce comunque un (3) _____ duraturo, ma per comprare oggetti superflui per la casa o la bellezza. «Gli italiani non (4) _____ più», afferma il prof. Bechi, «mentre sarebbe molto importante mettere da parte qualche

(5) _____ per la vecchiaia». Secondo Bechi, si dovrebbe lavorare in una doppia direzione: i (6) _____ dovrebbero lottare per l'innalzamento dello (7) _____, mentre i sociologi dovrebbero far riflettere i consumatori sui loro effettivi bisogni, rapportati alle loro reali possibilità (8) _____.

**3** **Colloquio di assunzione** Sei il direttore di una ditta di import-export e stai intervistando un candidato per un posto da impiegato. Completa il seguente dialogo.

**DIRETTORE** _____

**CANDIDATO** Sì. Ho lavorato per un'altra ditta simile a questa per quattro anni, a Milano.

**DIRETTORE** _____

**CANDIDATO** Italiano, inglese e tedesco.

**DIRETTORE** _____

**CANDIDATO** Dopo l'università sono andato a vivere in Germania con un mio compagno di studi.

**DIRETTORE** _____

**CANDIDATO** Possibilmente a tempo ridotto, perché devo finire il dottorato.

**DIRETTORE** _____

## CORTOMETRAGGIO

# Rischio d'impresa

In questa scena del cortometraggio *Rischio d'impresa*, il capo dell'azienda di Marina accetta con dispiacere il rifiuto di Marina dell'offerta di promozione. Quali sono le preoccupazioni e le paure di Marina? Che tipo di rapporto hanno Marina e suo marito? In che modo il loro rapporto avrà un effetto sulla decisione finale di Marina? Scrivi un paragrafo con le tue riflessioni.

_____

_____

_____

_____

_____

_____

_____

_____

_____

_____

_____

## IMMAGINA

# Le Alpi

Rispondi alle domande con frasi complete.

1. Quali sono le caratteristiche naturalistiche e culturali che accomunano la Valle d'Aosta, il Piemonte e Svizzera italiana?

   _____

2. Qual è uno dei fattori economici principali per le regioni del Nord-Ovest e perché?

   _____

3. Quali sono gli elementi che caratterizzano gli sport invernali più innovativi?

   _____

4. Perché Lugano è considerata una città eclettica?

   _____

5. In quale settore opera l'azienda piemontese Ferrero?

## STRUTTURE

### 10.1 Passive voice

**1** **Un cordiale... rifiuto!** Ecco la lettera che Sara ha ricevuto dalla ditta a cui ha inviato il suo curriculum. Completala, usando le forme verbali corrette della lista.

| | | |
|---|---|---|
| è stata data | ha visionato | siamo offesi |
| è stata presa | sarà tenuto | sono state ricevute |
| è stata visionata | siamo impressionati | sono stato incaricato |

Gentile dott.ssa Sassetti,

Le scrivo per informarLa che la Sua domanda (1) _____ da me e dai miei collaboratori. Noi tutti (2) _____ dalla Sua esperienza, unita alla Sua giovane età. (3) _____ io di comunicarLe che sarebbe un privilegio per la nostra ditta assumerLa, ma purtroppo (4) _____ molte domande e la priorità (5) _____ alle persone che parlano almeno tre lingue.

Ad ogni modo, il suo CV (6) _____ in considerazione per necessità future.

Cordiali saluti.

**2** **Mali sociali** Spesso i problemi economici sono solo l'inizio di una crisi di valori più grande. Completa il paragrafo usando i verbi tra parentesi nella forma passiva.

Il dramma della disoccupazione (1) _____ (sentire) ormai in tutto il paese. Gli articoli che (2) _____ (pubblicare) ogni giorno parlano spesso di piccoli furti che non (3) _____ (effettuare) da ordinari criminali, ma da mamme e papà che (4) _____ (licenziare) a causa della crisi e non hanno abbastanza soldi per arrivare a fine mese. Sarebbe bene che le persone in difficoltà economica (5) _____ (aiutare) sia materialmente che psicologicamente.

**3** **Il furto** Leggete gli appunti presi da un giornalista a proposito di un furto (*robbery*) e raccontate la notizia in forma passiva su un foglio a parte.

**Modello**

Il mese scorso c'è stato un furto in una delle ville della zona. I ladri hanno approfittato del buio per entrare. La porta della villa è stata forzata...

Il mese scorso:
Hanno forzato la porta di una villa
Hanno scassinato la cassaforte
Hanno rubato gioielli antichi
La domestica ha dato l'allarme
La polizia ha diffuso la notizia
Gli investigatori hanno ispezionato la villa
Hanno effettuato i rilievi
Hanno trovato impronte digitali
La squadra mobile segue le indagini

Due settimane fa:
La polizia controllava la zona.
Ha trovato i gioielli in un mercatino dell'antiquariato
Ha arrestato i ladri

Oggi:
Ha restituito i gioielli alla famiglia
La famiglia darà una ricompensa alla polizia.

## 10.2 *Si passivante* and *si impersonale*

**1**   **La bagna cauda** Ecco la ricetta per il piatto tipico delle Alpi. Un piatto gustosissimo, nonostante gli ingredienti apparentemente contrastanti. Completa le istruzioni usando il **si passivante** dei verbi fra parentesi.

| Ingredienti: | Ricetta |
|---|---|
| verdure di stagione<br><br>latte<br><br>aglio<br><br>acciughe salate (*anchovies*)<br><br>olio | 1. _____ (pulire) e _____ (bollire) le verdure di stagione.<br>2. _____ (mettere) l'aglio e le acciughe nel latte con un po' di olio.<br>3. _____ (cuocere) il tutto fino ad ottenere una crema.<br>4. _____ (servire) la crema in un contenitore speciale chiamato *fojot*.<br>5. Nella parte inferiore del *fojot* _____ (accendere) una candela.<br>6. Nella parte superiore del *fojot* _____ (mettere) la crema, che così rimane sempre calda.<br>7. _____ (posizionare) il *fojot* al centro del tavolo.<br>8. _____ (intingere) (*dip*) le verdure di stagione nel *fojot* e _____ (mangiare), facendo attenzione a non bruciarsi! |

**2**   **Pomeriggio a Torino** Completa il paragrafo usando la forma del **si passivante** o del **si impersonale** dei verbi della lista.

| accedere | avere | incontrare | prendere |
|---|---|---|---|
| andare | comprare | perdersi | vendere |
| annoiarsi | entrare | potere | visitare |

A Torino non (1) _____ mai! Dalla stazione di Porta Nuova (2) _____

l'autobus e (3) _____ direttamente a Porta Palazzo: il mercato più grande di Torino!

Qui (4) _____ vestiti, scarpe e soprattutto generi alimentari di ogni tipo. Se dalla

piazza (5) _____ in una delle stradine perimetrali, (6) _____ al centro

storico della città. Fate attenzione: (7) _____ facilmente se non (8) _____

una cartina della città! Lungo le strade (9) _____ tanti negozi etnici in cui

(10) _____ generi alimentari provenienti da altri paesi e culture, soprattutto dal mondo

arabo. Da qui, (11) _____ andare a piedi fino al Palazzo Reale, la dimora della famiglia

reale fino al 1946. Del palazzo (12) _____ sia i giardini che gli interni: non perdeteli!

**3**   **Completa tu...** Completa le frasi usando una struttura con il **si impersonale** a tua scelta.

> **Modello**
>
> In quel ristorante *si mangia male.*

1. In Italia _____.

2. Il venerdì sera a Torino _____.

3. Nei locali notturni _____.

4. Il lunedì mattina _____.

5. Quando è bel tempo _____.

**4** **Anziani e famiglie** Completa il paragrafo usando il **si impersonale** dei verbi fra parentesi e facendo attenzione alla forma degli aggettivi e dei nomi.

Si sa che quando (1) _____ (essere giovane), si fanno gli straordinari

senza grandi sforzi, ma poi, quando (2) _____ (diventare anziano), non è

possibile sostenere gli stessi ritmi. A volte, quando (3) _____ (arrivare) ad una certa età

(4) _____ (sentirsi inutile), ma se (5) _____ (riuscire) ad accumulare

una buona pensione, (6) _____ (essere pronto) a smettere di lavorare per godersi

la famiglia e, se (7) _____ (essere nonno), allora (8) _____

(essere contento) di poter passare un po' di tempo anche con i nipotini. Per questo dalle mie

parti, dove le famiglie sono ancora numerose, (9) _____ (cominciare) a lavorare

presto e (10) _____ (andare in pensione) quando ancora non

(11) _____ (essere vecchio)!

**5** **Piaceri ad alta quota** Trasforma le forme passive dei verbi in **si passivanti**.

1. Sulle Alpi sono praticati sport invernali nuovi e stravaganti.

   _____

2. Le Alpi sono visitate in tutte le stagioni.

   _____

3. Il gruppo di escursionisti è accompagnato lungo tutto il percorso.

   _____

4. In tutti i locali di montagna sono cucinate la bagna cauda e la polenta.

   _____

5. In tutte le pasticcerie di Torino sono venduti dei cioccolatini speciali: i «gianduiotti».

   _____

**6** **Come si fanno le cose** Scegli un oggetto e scrivi le istruzioni per ottenerlo.

**Modello**

Pinocchio: si prende un pezzo di legno. Si costruiscono due gambe, due braccia, un busto e una testa. Si mettono insieme tutti questi pezzi. Si fa un vestito di carta colorata. Si applica un lungo naso al centro della faccia.

1. una zucca di Halloween
2. una torta di compleanno
3. i pop-corn

_____

_____

_____

_____

_____

_____

Workbook

## 10.3 Indirect discourse

**1** **Pesce d'aprile!** È il primo aprile, ma il dott. Celletti non ci pensa. Oggi in ufficio sembra che nessuno abbia voglia di lavorare... Riscrivi le conversazioni utilizzando il discorso indiretto.

> **Modelli**
>
> Il contabile: «Oggi mi sento pigro.»
> Il *contabile dice che oggi si sente pigro.*
>
> Il collega: «Dovrò fare anche il tuo lavoro?»
> Il *collega domanda se dovrà fare anche il suo lavoro.*

1. L'impiegato: «Oggi non ho voglia di lavorare.»

   _____

2. Il collega: «Io uscirò un'ora prima.»

   _____

3. Il ragioniere: «Non ho preparato i pagamenti.»

   _____

4. La segretaria: «Oggi farò tre pause caffè invece di una.»

   _____

5. Il capoufficio: «Non ho spedito gli inviti per il meeting.»

   _____

6. L'impiegata: «Ho dimenticato di telefonare alla banca.»

   _____

7. Il direttore: «Oggi i miei dipendenti non hanno voglia di lavorare!»

   _____

8. I dipendenti: «Le abbiamo fatto uno scherzo!»

   _____

**2** **Teleconferenza** L'intero ufficio è in teleconferenza con la direzione centrale. Qualche problema di linea rende necessaria la ripetizione di alcune frasi. Scegli la forma corretta dei verbi tra parentesi.

1. —Non avevo visto l'e-mail.

   —Dice che non _____ (aveva visto/avevo visto) l'e-mail.

2. —Ho letto il programma.

   —Dice che _____ (ho letto/ha letto) il programma.

3. —Per quando è stato fissato il meeting nazionale?

   —Chiede per quando _____ (è stato fissato/sono stato fissato) il meeting nazionale.

4. —Dovreste preparare tutto almeno una settimana prima.

   —Dice che _____ (dovrebbero/dovremmo) preparare tutto almeno una
   settimana prima.

5. —Io arriverò con i miei collaboratori subito dopo la presentazione.

   —Dice che _____ (arriverò/arriverà) con i suoi collaboratori subito dopo la presentazione.

**3 Figli distratti** Sofia e Gustavo sono due ragazzi molto disordinati. Ieri Sofia ha perso la carta di credito, mentre Gustavo non ha più trovato i cinquanta euro che aveva prelevato dal bancomat. Questa mattina la mamma lascia un biglietto con le istruzioni per entrambi. Riscrivete le frasi utilizzando le forme del discorso indiretto.

**Modello**

Per Sofia: chiama la banca.
La mamma ha detto a Sofia di chiamare la banca./La mamma ha detto a Sofia che chiamasse la banca.

**Per Sofia**

1. Telefona al numero verde per bloccare la carta di credito.

_____

_____

2. Vai alla stazione di polizia per fare la denuncia.

_____

_____

3. Passa in banca per richiedere una nuova carta di credito.

_____

_____

**Per Gustavo**

4. Controlla nelle tasche della giacca.

_____

_____

5. Cerca nei pantaloni che sono in lavatrice.

_____

_____

6. Assicurati di non averli persi per strada.

_____

_____

**4 L'ultima settimana di lavoro** Oggi è domenica. Guarda le note che Giacomo ha scritto nella sua agenda. Segui il modello per descrivere l'ultima settimana di lavoro di Giacomo.

**Modello**

Lunedì ha detto che il giorno dopo avrebbe fatto domanda per un nuovo lavoro.

| | | |
|---|---|---|
| ○ | Lunedì | *Domani farò domanda per un nuovo lavoro.* |
| | Martedì | *Venerdì darò le dimissioni.* |
| | Mercoledì | *Oggi la mia azienda è in sciopero.* |
| | Giovedì | *Ieri ho passato la giornata a manifestare in piazza.* |
| | Venerdì | *In questi giorni la crisi si sente molto.* |
| | Sabato | *Ieri mi sono licenziato.* |
| | Domenica | *Questa è stata la mia ultima settimana di lavoro.* |

1. Martedì ha detto _____.

2. Mercoledì ha detto _____.

3. Giovedì ha detto _____.

4. Venerdì ha detto _____.

5. Sabato ha detto _____.

6. Domenica ha detto _____.

Workbook

# 10.4 *Fare, lasciare,* and verbs of perception followed by the infinitive

**1** **Cambiamenti** In azienda è cambiato il direttore: ci sono nuove disposizioni per tutti e alcune abitudini da cambiare. Riscrivi le frasi proposte seguendo i modelli.

> **Modelli**
>
> Portare gli assegni in banca/Giovanni          Carla ha chiesto un giorno libero/OK!
> *Ha fatto portare gli assegni in banca a Giovanni.*    *Ha lasciato prendere un giorno libero a Carla.*

1. Aggiornare i pagamenti/Raffaele

   _____

2. Sandro ha chiesto di fare una pausa pranzo di un'ora/OK!

   _____

3. Lucia ha chiesto di cambiare l'orario di lavoro/NO!

   _____

4. Organizzare una teleconferenza/Stefano

   _____

5. Franca ha chiesto di portare il cane in ufficio/NO!

   _____

6. Scrivere il verbale della riunione/Giulio

   _____

**2** **Una giornata sfortunata** Oggi è successo di tutto e bisogna trovare una soluzione per ogni cosa. Scrivi cosa bisogna fare in ogni caso, seguendo il modello.

> **Modello**
>
> La mia patente è scaduta. (rinnovare)
> *La devo fare rinnovare.*

1. Il computer si è rotto. (aggiustare) _____

2. La carta di credito si è smagnetizzata. (rifare) _____

3. Qualcuno è entrato nel mio conto on-line. (bloccare) _____

4. Ho trovato due banconote nella lavatrice. (asciugare) _____

**3** **Responsabilità e preoccupazioni** Il direttore del nuovo centro commerciale è una persona un po' ansiosa e i suoi collaboratori devono rassicurarlo continuamente. Rispondi affermativamente ad ogni domanda usando i pronomi diretti e indiretti.

> **Modello**
>
> Ha sentito arrivare i clienti?  *Sì, li ho sentiti arrivare.*

1. Ha notato i clienti chiedere di una marca in particolare? _____.

2. Ha visto entrare qualche personaggio famoso? _____.

3. I clienti hanno fatto ordinare i prodotti alla commessa? _____.

4. Qualche cliente si è fatto mostrare le creme dalla commessa? _____.

5. I clienti hanno sentito trasmettere la pubblicità alla radio? _____.

**4** **Obblighi e permessi** Di solito non ci piace essere costretti a fare qualcosa, mentre siamo felici se ci concedono qualche piccolo capriccio. Pensa ad un tuo lavoro estivo e a come ha influenzato la tua ricerca di un lavoro oggi. Poi organizza i tuoi pensieri seguendo il modello.

> **Modello**
>
> A lavoro mi facevano indossare un'uniforme. Ora cerco
> un lavoro in cui mi lascino indossare quello che voglio.

1. _____

   _____

2. _____

   _____

3. _____

   _____

**5** **Curiosando** Margherita ama stare alla finestra e osservare la gente che passa. Un giorno si trova ad essere l'unica testimone di una rapina (*robbery*) alla banca di fronte. In cinque frasi, descrivi cosa ha visto e sentito Margherita, usando i verbi di percezione come nel modello.

> **Modello**
>
> Ho visto un ragazzo in motocicletta fermarsi davanti alla banca.

1. _____
2. _____
3. _____
4. _____
5. _____

**6** **Lo spirito giusto** Volete fondare una vostra azienda mettendo al primo posto l'entusiasmo e lo spirito di squadra dei vostri impiegati. Inventate le sei «regole d'oro» per avere dei collaboratori entusiasti ed efficienti usando **fare** e **lasciare**, come nei modelli.

> **Modello**
>
> Lascerò lavorare i miei impiegati da casa.
> Gli farò prendere un giorno libero se finiscono il progetto presto.

1. _____
2. _____
3. _____
4. _____
5. _____
6. _____

Workbook

## COMPOSIZIONE

### 1° passo

### Donne e uomini

Leggi l'intervista al prof. Mirri sulla situazione delle donne nell'Italia di oggi. Sottolinea gli obiettivi raggiunti e quelli non ancora raggiunti dalle donne italiane nel secolo scorso e in questo primo decennio del XXI secolo. Poi, usa queste informazioni e le tue conoscenze per riempire la tabella.

**GIORNALISTA**  Cosa pensa delle battaglie femminili degli anni '60 in Italia?

**PROFESSORE**  Penso che il secolo scorso sia stato il più importante per la storia dell'emancipazione femminile. Basta pensare che negli anni Trenta la donna non poteva accedere agli studi di livello secondario, mentre adesso l'insegnamento è occupato in prevalenza da figure femminili.

**GIORNALISTA**  Pensa che gli stessi passi in avanti siano stati fatti anche nella politica del lavoro?

**PROFESSORE**  Sicuramente sì. Fino al 1962 il matrimonio era considerato un motivo valido per licenziare una donna, che con l'arrivo dei figli sarebbe stata meno efficiente. Adesso, invece, la donna in gravidanza (*pregnant*) può assentarsi dal lavoro anche per cinque mesi, continuando a percepire il suo stipendio per intero.

**GIORNALISTA**  Non pensa che in Italia ci siano molte donne che ancora non lavorano e che fanno le casalinghe per tutta la vita?

**PROFESSORE**  Sì, soprattutto nel Sud, dove la famiglia è ancora patriarcale. Ma lo Stato ha fatto notevoli passi avanti anche in questo campo, offrendo una pensione alle casalinghe oltre i sessantacinque anni. Fare la casalinga può essere più pesante che fare un altro lavoro fuori casa.

**GIORNALISTA**  Lei crede che non esistano più differenze fra uomini e donne in campo lavorativo?

**PROFESSORE**  Beh… almeno teoricamente non ci dovrebbero essere differenze. Oggi troviamo le donne anche a capo di numerose aziende e in politica, ma in Italia ce ne sono ancora troppo poche rispetto alla media europea.

**GIORNALISTA**  Come reagiscono gli uomini ad un cambiamento di ruoli così drastico, secondo Lei?

**PROFESSORE**  L'orgoglio maschile rimane molto ferito quando le donne mostrano di essere più valide e più versatili degli uomini sul lavoro.

**GIORNALISTA**  Crede che le donne non abbiano nulla da invidiare agli uomini in termini di stipendio?

**PROFESSORE**  La parità salariale è stata introdotta in Italia nel 1958, ma di fatto l'uomo che guadagna meno della donna è raro e, quando questo avviene, crea dei gravi disturbi nella vita di coppia.

| Obiettivi raggiunti | Disparità |
|---|---|
|  |  |
|  |  |
|  |  |
|  |  |

### 2° passo

Su un foglio a parte, scrivi una lettera al direttore del giornale, confrontando la situazione italiana con quella del tuo paese e rispondendo alle seguenti domande:

- Pensi che nel tuo paese esistano ruoli e posizioni che le ditte fanno ricoprire agli uomini piuttosto che alle donne?
- Ci sono cose che le donne lasciano fare agli uomini spontaneamente, perché forse non si sentono abbastanza competenti?
- Hai mai notato qualche uomo reagire male a causa del cambiamento di ruoli nella società moderna?

**PER COMINCIARE**

# Lezione 1

**1** **Fotografie** Margherita guarda il suo vecchio album di fotografie e ti parla della sua famiglia. Indica se le descrizioni dei personaggi elencati sono positive o negative.

|  | Positivo | Negativo |
|---|---|---|
| 1. Luisa | ○ | ○ |
| 2. Gianluca | ○ | ○ |
| 3. Alessandra | ○ | ○ |
| 4. il marito di Alessandra | ○ | ○ |
| 5. Giorgio | ○ | ○ |
| 6. la suocera | ○ | ○ |

**2** **Margherita e la sua famiglia** Ascolta di nuovo quello che Margherita dice sulla sua famiglia e scegli la risposta appropriata alle domande.

1. a. è proprio la persona giusta per sua figlia.
   b. è un bravo ragazzo, ma troppo tranquillo e silenzioso.
   c. è come sua figlia: pessimista e insicuro.
2. a. perché non ha un buon lavoro.
   b. perché suo marito non la ama.
   c. perché a Margherita non piace il marito di Alessandra.
3. a. non è un uomo fedele.
   b. è troppo immaturo.
   c. vuole troppo bene a sua madre.
4. a. affascinante, e spesso dà appuntamenti alle ragazze che si innamorano di lui.
   b. fedele, ma molto geloso.
   c. un marito straordinario.

5. a. no, perché lui è troppo geloso.
   b. sì, perché suo marito non le mente mai e lei ha fiducia in lui.
   c. no, perché lei ha fiducia in lui, ma lui ci prova con le altre ragazze.
6. a. cattivo, perché lei è molto possessiva con suo figlio.
   b. buono, perché entrambe vogliono bene a Giorgio.
   c. cattivo, perché lei parla male di Margherita con le sue amiche.

**3** **Vita di relazione** Guarda le immagini e rispondi alle domande, come nel modello. Quindi, ascolta e ripeti la risposta giusta.

> **Modello**
> *Senti:* Emilio racconta ai suoi amici virtuali che è un importante avvocato famoso in tutto il mondo. Dice la verità o mente?
> *Dici:* mente.

1.

2.

3.

4.

Lab Manual

## STRUTTURE

### 1.1 The present tense: regular verbs

**1** **Marco ed Elisa secondo Gina** Ascolta quello che Gina pensa di Marco ed Elisa come coppia e completa il testo.

Marco ha 38 anni ed è celibe. Celibe, e felice. Decisamente affascinante e assolutamente ottimista. Gli

uomini come lui non (1) _____ mai perché (2) _____ essere gli eterni fidanzati

che (3) _____ a casa con i genitori. Ogni sera Marco (4) _____ con Elisa, la sua

fidanzata da oramai 10 anni. Lui la (5) _____ e insieme (6) _____ i momenti

belli e le difficoltà della vita. Dopo cena, però, lui la (7) _____ e (8) _____

a casa sua. Per questo motivo Elisa (9) _____ spesso delusa e preoccupata. Lei (10)

_____ una famiglia, ma (11) _____ che Marco non sia pronto. Secondo me, Elisa

(12) _____ un uomo più maturo. Anche mio marito Edoardo è come Marco, ma io ho preso

una decisione: (13) _____ e non ci (14) _____ più!

**2** **Gina ed Edoardo** Rispondi alle domande sulla storia tra Gina ed Edoardo seguendo il modello. Quindi, ascolta e ripeti la risposta giusta.

> **Modello**
> *Senti:* Cosa ha deciso di fare Gina?
> *Vedi:* sposare Edoardo.
> *Dici:* Gina sposa Edoardo.

1. divorziare da Edoardo.
2. sentirsi depresso.
3. adorare Gina.
4. condividere molti interessi.
5. organizzare il loro matrimonio.

### 1.2 Articles

**1** **Gina e Maurizio, secondo Marco ed Elisa** Ascolta quello che Marco ed Elisa pensano della storia tra Gina e Maurizio e segna gli articoli che senti.

| un | uno | una | un' | il | lo | la | l' | i | gli | le |
|----|-----|-----|-----|----|----|----|----|----|-----|----|
|    |     |     |     |    |    |    |    |   |     |    |

**2  Pettegolezzi** Guarda le immagini e rispondi alle domande, scegliendo le parole dalla lista. Usa l'articolo determinativo per la prima risposta e quello indeterminativo per la seconda. Quindi, ascolta e ripeti la risposta giusta.

> **Modelli**
> *Senti:* Cosa fa Stefania?   *Senti:* Dove lavora?
> *Dici:* Stefania fa la *commessa.*   *Dici:* Lavora in un *supermercato.*

| amico | aspirapolvere | compleanno | fidanzata | moglie | tappeto |
|-------|---------------|------------|-----------|--------|---------|
| appuntamento | autobus | festa | libro | piatto | torta |

1.   2.   3.

4.   5.   6.

## 1.3 Gender and number

**1  Vacanze responsabili** Questa estate Sandro vuole partecipare ad un campo di scavi archeologici in Toscana. Prima, però, telefona per avere informazioni sul luogo. Prendi la telefonata di Sandro e rispondi affermativamente alle sue domande. Quindi, ascolta e ripeti la risposta giusta. (*10 items*)

> **Modello**
> *Senti:* C'è un ostello?
> *Dici:* Sì, ci sono molti *ostelli.*

**2  I miei compagni di classe** Descrivi i tuoi compagni di classe completando le frasi con le parole suggerite. Quindi, ascolta e ripeti la risposta giusta.

> **Modello**
> *Senti:* Giulia e Maria
> *Vedi:* simpatico
> *Dici:* Giulia e Maria *sono simpatiche.*

1. blu
2. pessimista
3. viola
4. antipatico
5. dinamico e geniale
6. lungo
7. timido e sensibile
8. bianco e forte

# 1.4 The present tense: irregular verbs

**1** **Pacifica convivenza** Spesso convivere con gli altri non è facile. Ascolta le domande e indica quale delle due affermazioni proposte è la più logica.

1. a. Viene a trovarti e sta tutto il pomeriggio con te.
   b. Vuole sapere come può aiutarti.

2. a. Gli dici che sei disponibile a parlare con lui, se vuole.
   b. Bevi con lui una buona tazza di caffè e ginseng.

3. a. Gli dai un'alternativa: o ricompra il libro o non sei più suo amico.
   b. Gli chiedi per favore di ricomprarlo perché hai bisogno di quel libro.

4. a. Ti toglie il saluto e ti licenzia (*fire*) alla prima occasione.
   b. Coglie l'occasione per parlarti e sapere sei hai qualche problema.

5. a. Scelgono di condividere la vita, nel bene e nel male.
   b. Escono sempre con gli amici perché hanno paura di restare soli.

6. a. Fai finta (*pretend*) di non sentirlo e tieni la musica allo stesso volume.
   b. Vai a casa sua, gli spieghi la situazione e gli dai una fetta di torta.

7. a. Rimangono in silenzio e ascoltano quello che dice il prete.
   b. Tengono il cellulare ad alto volume perché aspettano una chiamata importante.

8. a. State zitti e, quando lui non c'è, parlate male di lui con le altre persone del gruppo.
   b. Sollevate il problema e dialogate pacificamente con questa persona.

**2** **Al matrimonio di Lucia e Bruno** Descrivi il matrimonio di Lucia e Bruno ascoltando quello che dice lo speaker e sostituendo il *beep* con i verbi suggeriti, come nel modello.

**Modello**

*Senti:* Lucia e Bruno *<beep>* di sposarsi in chiesa.
*Vedi:* scegliere
*Dici:* Lucia e Bruno scelgono di sposarsi in chiesa.

1. accogliere
2. venire
3. essere
4. dire
5. fare
6. rimanere
7. bere
8. andare

**3** **Vita familiare** Bruno e Lucia cominciano ad organizzare la loro vita insieme. Ascolta le domande e rispondi usando le parole suggerite come nel modello. Quindi, ascolta e ripeti la risposta giusta.

**Modello**

*Senti:* Chi sceglie i programmi da vedere in televisione?
*Vedi:* io
*Dici:* Io scelgo i programmi da vedere in televisione.

1. i vicini
2. noi due
3. i miei genitori
4. io
5. i tuoi genitori
6. tu

## VOCABOLARIO

Ora sentirai le parole che si trovano alla fine della lezione sul tuo libro di testo. Ascolta e ripetile.

## PER COMINCIARE                                              Lezione 2

**1**   **Il poliziotto** Ascolta quello che il poliziotto dice e cerchia le parole che senti.

_____ angolo            _____ passeggeri          _____ stadio

_____ semaforo          _____ metropolitana        _____ rotonda

_____ edicola           _____ ponte                _____ villaggio

_____ segnale stradale  _____ grattacielo          _____ marciapiede

_____ urbane            _____ casale               _____ parcheggio

**2**   **Vero o Falso** Ascolta di nuovo quello che il poliziotto dice e indica se le seguenti frasi sono **vere** o **false**.

| Vero | Falso | |
|------|-------|---|
| ○ | ○ | 1. La signora deve andare in centro a piedi perché la fermata dell'autobus è troppo lontana dal parcheggio. |
| ○ | ○ | 2. Il signore non ha visto il semaforo e andava troppo veloce. |
| ○ | ○ | 3. Il municipio è di fronte al grattacielo. |
| ○ | ○ | 4. La signora è agitata perché non sa guidare nel traffico cittadino. |
| ○ | ○ | 5. Il poliziotto è arrabbiato perché il ragazzo ha parcheggiato il motorino nello spazio riservato agli invalidi. |

**3**   **Ambienti** Guarda le immagini e rispondi alle domande. Quindi, ascolta e ripeti la risposta giusta.

1.

2.

3.

4.

Lab Manual

## STRUTTURE

## 2.1 Reflexive and reciprocal verbs

**1** **Vite a confronto** Ascolta la tipica giornata di un contadino e di un cittadino e completa il testo con i verbi mancanti. Ascolterai il testo due volte.

Un contadino (1) _____ presto la mattina, al canto del gallo (*rooster*), lavora in campagna con i suoi figli e, quando il sole tramonta, torna a casa. La sera (2) _____ stanco, ma soddisfatto. Non è molto ricco, ma (3) _____ della sua casa e della sua famiglia. Dopo cena, (4) _____ la tranquillità e la pace della campagna. Poi va a letto e subito (5) _____. Un contadino, certo, non (6) _____ mai!

Un cittadino (7) _____ anche lui presto, al suono della sveglia. Non lavora lontano, ma c'è molto traffico. Fermo in un ingorgo stradale, (8) _____ con tutte le persone che incontra: autisti, vigili, pedoni. Al lavoro (9) _____ tutto il tempo perché il sindaco non (10) _____ del bene della città. Quando la sera torna a casa è così stressato che non riesce a (11) _____. Non (12) _____ di dare da mangiare al gatto e (13) _____ di aver passato poco tempo con la famiglia.

**2** **Intervista** Un giornalista che lavora per una rivista di salute e benessere sta raccogliendo le opinioni delle persone che vivono in città. Rispondi alle domande, usando i suggerimenti. Quindi, ascolta e ripeti la risposta giusta.

> **Modello**
>
> *Senti:* Dove pensate di andare quest'estate?
> *Vedi:* Trasferirsi in campagna
> *Dici:* Quest'estate ci trasferiamo in campagna.

1. Divertirsi in discoteca
2. Dimenticarsi di portare il cane fuori
3. Stufarsi perché non c'è niente da fare
4. Pentirsi di aver lasciato la calma e la tranquillità
5. Accorgersi di aver passato poco tempo con i miei bambini

**3** **Il Paese dei balocchi!** Pinocchio incontra il suo amico Lucignolo, che vuole convincerlo ad andare con lui nel Paese dei balocchi, un paese fantastico dove i bambini cattivi che non hanno voglia di studiare possono finalmente vivere felici. Ascolta le frasi che Lucignolo dice a Pinocchio e ripetile usando i pronomi reciproci come nel modello. Quindi, ascolta e ripeti la risposta giusta.

> **Modello**
>
> *Senti:* Pinocchio parla a Lucignolo. Lucignolo parla a Pinocchio.
> *Vedi:* Pinocchio / Lucignolo
> *Dici:* Pinocchio e Lucignolo si parlano.

1. io / tu
2. i burattini (*marionettes*) / i bambini
3. i poliziotti / i bambini cattivi
4. i maestri / gli studenti
5. tu / il grillo parlante (*Jiminy cricket*)
6. io / tu

Lab Manual

## 2.2 *Piacere* and similar verbs

**1** **Logico o illogico** Ascolta i dialoghi e indica se le risposte sono logiche o illogiche.

|     | Logico | Illogico |     |     | Logico | Illogico |
|-----|--------|----------|-----|-----|--------|----------|
| 1.  | ○      | ○        |     | 5.  | ○      | ○        |
| 2.  | ○      | ○        |     | 6.  | ○      | ○        |
| 3.  | ○      | ○        |     | 7.  | ○      | ○        |
| 4.  | ○      | ○        |     | 8.  | ○      | ○        |

**2** **La nonna apprensiva** Tua nonna viene a trovarti nell'appartamento dove tu vivi con altri studenti. È un po' preoccupata per te. Rassicurala rispondendo affermativamente alle sue domande. Quindi, ascolta e ripeti la risposta giusta. (*8 items*)

> **Modello**
>
> *Senti:* Ti piace vivere da solo?
> *Dici:* Sì, mi piace vivere da solo.

**3** **L'amico curioso** Sei alla festa di compleanno di Giorgio e incontri un amico curioso che non smette di farti domande. Rispondi usando i suggerimenti come nel modello. Quindi, ascolta e ripeti la risposta giusta.

> **Modello**
>
> *Senti:* Perché il tuo coinquilino non è venuto alla festa?
> *Vedi:* non piacere le feste
> *Dici:* Non gli piacciono le feste.

1. restare solo cinque esami
2. mancare a mia madre
3. sembrare succhi di frutta
4. occorrere gli occhiali
5. servire un piatto
6. stare a cuore gli animali
7. bastare i miei cani
8. dare fastidio le persone che fanno tante domande

## 2.3 Possessive pronouns and adjectives

**1** **Un messaggio per te!** Ascolta i messaggi lasciati nella segreteria telefonica di Luca e indica gli aggettivi e i pronomi possessivi che senti.

|     | mio/mia miei/mie | tuo/tua tuoi/tue | suo/sua suoi/sue | Suo/Sua Suoi/Sue | nostro/a nostri/e | vostro/a vostri/e | loro |
|-----|------------------|------------------|------------------|------------------|-------------------|-------------------|------|
| 1.  |                  |                  |                  |                  |                   |                   |      |
| 2.  |                  |                  |                  |                  |                   |                   |      |
| 3.  |                  |                  |                  |                  |                   |                   |      |
| 4.  |                  |                  |                  |                  |                   |                   |      |
| 5.  |                  |                  |                  |                  |                   |                   |      |
| 6.  |                  |                  |                  |                  |                   |                   |      |
| 7.  |                  |                  |                  |                  |                   |                   |      |
| 8.  |                  |                  |                  |                  |                   |                   |      |

**Lab Manual**

**2** **Domande e risposte** Ascolta le domande e scegli la risposta più logica.

1. a. Sì, ho visto il tuo portafoglio sul tavolo.
   b. Sì, ho visto il suo portafoglio sul tavolo.

2. a. Credo che suo figlio faccia il vigile.
   b. Credo che il loro figlio faccia il vigile.

3. a. Sì, questo è proprio il tuo quartiere!
   b. Sì, questo è proprio il mio quartiere!

4. a. Mi scusi, dr. Mirri, la nostra macchina si è rotta.
   b. Mi scusi, dr. Mirri, la Sua macchina si è rotta.

5. a. No, sono i suoi coinquilini.
   b. No, sono i loro coinquilini.

6. a. Davvero? Io pensavo che fosse la tua!
   b. Davvero? Io pensavo che fosse la sua!

7. a. Perché non conoscono i loro diritti.
   b. Perché non conoscono i suoi diritti.

8. a. Cari cittadini: pensate al loro futuro!
   b. Cari cittadini: pensate al vostro futuro!

**3** **Sul treno** Sei sull'treno con un'amica e il suo bambino. Conversate guardando fuori dal finestrino, poi arriva il controllore e vi chiede i biglietti. Rispondi alle domande affermativamente, usando l'aggettivo possessivo appropriato. Quindi, ascolta e ripeti la risposta giusta. (*6 items*)

> **Modello**
> *Senti:* Quello non è il palazzo dei tuoi genitori?
> *Dici:* Sì, quello è il loro palazzo.

## 2.4 Demonstratives; order of adjectives

**1** **Arrediamo casa!** Ti sei appena trasferita nel tuo nuovo appartamento e devi arredarlo (*furnish it*). Vai in un negozio di mobili con la tua amica Francesca, che forse influenza un po' troppo le tue scelte. Ascolta le frasi, leggi il suggerimento e formula una frase usando l'aggettivo dimostrativo corretto, come nel modello. Quindi, ascolta e ripeti la risposta giusta.

> **Modelli**
> *Senti:* Ecco qui. È stupenda.
> *Vedi:* poltrona
> *Dici:* Voglio questa poltrona stupenda!
>
> *Senti:* Guarda lì. È davvero elegante.
> *Vedi:* lampada
> *Dici:* Voglio quella lampada elegante!

1. sedia
2. scrivania
3. bicchieri
4. divano

5. tavolino
6. orologi
7. armadio
8. armadio

## VOCABOLARIO

Ora sentirai le parole che si trovano alla fine della lezione sul tuo libro di testo. Ascolta e ripetile.

## PER COMINCIARE

# Lezione 3

**1** **Luca e il tempo libero** Ascolta l'intervista che Luca fa a Simona per il giornale universitario e individua le attività che Simona fa nel suo tempo libero.

_____ pattinaggio sul ghiaccio

_____ scalare

_____ equitazione

_____ andare in palestra

_____ canottaggio

_____ uscire con gli amici

_____ prendere qualcosa da bere

_____ andare a cena fuori

_____ vedere spettacoli

_____ fare shopping

_____ giocare a videogiochi

_____ comprare vestiti firmati

**2** **Vero o falso?** Riascolta l'intervista di Luca e scegli quali delle seguenti frasi sono **vere** o **false**.

| Vero | Falso | |
|------|-------|---|
| ○ | ○ | 1. Simona non è un tipo sportivo. |
| ○ | ○ | 2. Simona non ama fare sport in inverno. |
| ○ | ○ | 3. Simona ama fare pattinaggio sul ghiaccio. |
| ○ | ○ | 4. Quando piove Simona va in palestra. |
| ○ | ○ | 5. Alcune volte Simona va a cena fuori con gli amici. |
| ○ | ○ | 6. Simona va a tutti i concerti in città. |
| ○ | ○ | 7. Simona odia i videogiochi. |
| ○ | ○ | 8. Simona ama fare shopping. |
| ○ | ○ | 9. Simona compra vestiti firmati ogni settimana. |
| ○ | ○ | 10. Simona non approfitta mai dei saldi. |

**3** **Domande** Guarda i disegni e rispondi alle domande. Dopo, ascolta e ripeti la risposta corretta.

**Modello**

_Senti:_ Gianni e gli amici giocano a biliardo?
_Dici:_ No, Gianni e gli amici festeggiano.

Gianni e gli amici

Corrado

Mattia

Cristiano

Stefano e Giorgio

Lab Manual

## STRUTTURE

## 3.1 The *passato prossimo* with *avere* and *essere*

**1**  **Scegliere** Ascolta le domande e scegli la risposta più logica.

1. a. Mi ha detto che ha un appuntamento con Domenico.
   b. Mi hanno detto che hai un appuntamento con Domenico.
2. a. Perché hai studiato tutto il pomeriggio.
   b. Perché ha studiato tutto il pomeriggio.
3. a. Siete andati al concerto di Vasco Rossi.
   b. Siamo andati al concerto di Vasco Rossi.
4. a. Sono andati in campeggio a Viareggio.
   b. Sono andate in campeggio a Viareggio.
5. a. Hanno vinto molte partite.
   b. Ha vinto la squadra blu.
6. a. No, non le ho prese io.
   b. No, non le hai prese tu.
7. a. Ho comprato un paio di infradito.
   b. Ho comprato un cappotto.
8. a. Avete preso un cappuccino.
   b. Abbiamo preso un cappuccino.

**2**  **Cambiare** Racconta quello che hanno fatto queste persone cambiando le frasi dal presente al passato prossimo. Dopo, ascolta e ripeti la frase giusta. (*8 items*)

> **Modello**
>
> *Senti:* Giovanni gioca a calcio
> *Dici:* Ieri Giovanni ha giocato a calcio

**3**  **Domande** Rispondi ad ogni domanda usando l'indizio fornito (*cue provided*). Dopo, ascolta e ripeti la frase giusta.

> **Modello**
>
> *Senti:* Chi ha guidato la macchina?
> *Vedi:* Io
> *Dici:* Io ho guidato la macchina.

1. Davide e Andrea
2. Filippo
3. Gianluca
4. Cristina
5. Noi
6. Io

7. Voi
8. Io e Chiara
9. Monica e Marta
10. Tu ed Elisa
11. Io
12. Andrea

## 3.2 The *imperfetto*

**1** **Completare** Ascolta il racconto di Emanuela e completa il brano con le parole mancanti.

Da bambina, Emanuela (1) _____ ogni estate al mare. I nonni (2) _____ una

casa lì e lei ci (3) _____ tutta l'estate, mentre i suoi genitori (4) _____ in città a

lavorare. La casa (5) _____ piccola, ma molto bella e (6) _____ a pochi passi dal

mare. Emanuela (7) _____ tutte le mattine in spiaggia con la nonna. (8) _____

conchiglie e sassolini (*seashells and pebbles*) e (9) _____ sulla sabbia (*sand*). Il pomeriggio

Emanuela (10) _____ il nonno nelle sue lunghe passeggiate, spesso (11) _____

sotto la pineta per riposarsi e poi (12) _____ un gelato o (13) _____ un'aranciata.

Quelli erano per Emanuela i giorni più belli che (14) _____ con ansia tutto l'anno.

**2** **Curiosità** Un giornalista sta scrivendo un articolo sulle cose buffe che facevano alcune persone da bambini. Rispondi alle domande utilizzando l'indizio fornito. Dopo, ascolta e ripeti la frase giusta.

> **Modello**
>
> *Senti:* Che faceva Alessandro da bambino?
> *Vedi:* mettersi le dita nel naso
> *Dici:* Alessandro si metteva le dita nel naso.

1. mangiare con le mani
2. mettersi le scarpe di mamma
3. truccarsi
4. giocare con l'amico immaginario
5. mangiare solo pasta in bianco
6. portare le scarpe al contrario (*backwards*)
7. volere portare i capelli lunghi
8. parlare con gli animali

**3** **Domande** Guarda l'indizio, ascolta la risposta e poi formula la domanda. Dopo, ascolta e ripeti la domanda giusta.

> **Modello**
>
> *Vedi:* parlare tedesco / con chi
> *Senti:* Parlavo tedesco con i miei nonni
> *Dici:* Con chi parlavi tedesco?

1. andare in palestra / quando
2. uscire a cena / con chi
3. fare la spesa / per chi
4. giocare a nascondino / quando
5. mangiare al ristorante / quante volte
6. allenarsi ogni giorno / perché

Lab Manual

## 3.3 The *passato prossimo* vs. the *imperfetto*

**1**    **I tempi passati** Giorgio chiede al nonno di raccontargli della sua infanzia. Ascolta la conversazione e indica se il verbo che hai sentito è stato detto all'imperfetto o al passato prossimo.

| Verbo | Imperfetto | Passato Prossimo |
|-------|-----------|------------------|
| fare | | |
| lavorare | | |
| iniziare | | |
| capire | | |
| tornare | | |
| diventare | | |
| essere | | |
| convincere | | |

**2**    **Cosa accadeva** Completa le frasi che senti con il verbo indicato al passato prossimo o all'imperfetto.

> **Modello**
>
> *Vedi:* avere
> *Senti:* Quando io <*beep*> dieci anni, sono andata per la prima volta in campeggio.
> *Dici:* Quando io avevo dieci anni, sono andata per la prima volta in campeggio.

1. essere
2. telefonare
3. giocare
4. arrivare
5. aspettare
6. sapere
7. stare
8. incontrare

## 3.4 The *passato remoto*

**1**    **Trasformare** Trasforma ogni frase dal passato remoto al passato prossimo. Dopo, ascolta e ripeti la frase corretta. (*8 items*)

> **Modello**
>
> *Senti:* I nonni arrivarono a Napoli sabato mattina.
> *Dici:* I nonni sono arrivati a Napoli sabato mattina.

## VOCABOLARIO

Ora sentirai le parole che si trovano alla fine della lezione sul tuo libro di testo. Ascolta e ripetile.

Lab Manual

## PER COMINCIARE

# Lezione 4

**1** **Le notizie** Leggi la lista di parole, ascolta il sommario del radiogiornale e individua le parole che senti.

1. _____ sequestro
2. _____ scandalo politico
3. _____ elezioni
4. _____ criminalità
5. _____ presidente
6. _____ terrorismo
7. _____ immigranti
8. _____ sicurezza
9. _____ approvata una legge
10. _____ pacifisti
11. _____ paura
12. _____ guerra civile

**2** **Vero o falso?** Riascolta il sommario del radiogiornale e indica se le seguenti affermazioni sono vere o **false**.

| Vero | Falso | |
|------|-------|--|
| ○ | ○ | 1. Un avvocato è accusato di corruzione. |
| ○ | ○ | 2. Alle ultime elezioni ha vinto il partito liberale. |
| ○ | ○ | 3. Il numero degli attivisti è in aumento. |
| ○ | ○ | 4. Sono stati arrestati due terroristi anarchici. |
| ○ | ○ | 5. Sono arrivati nuovi immigrati clandestini. |
| ○ | ○ | 6. Sono diminuite le misure di sicurezza per il G8. |
| ○ | ○ | 7. I pacifisti hanno manifestato contro le nuove proposte. |
| ○ | ○ | 8. La gente non ha paura della nuova influenza. |

**3** **Titoli di giornale** Leggi i titoli dei giornali, ascolta le due domande e rispondi. Dopo, ascolta e ripeti le frasi giuste.

**Modello**

> *Vedi:* Pericolo di un attacco terroristico in Italia. Paura soprattutto nelle zone di interesse turistico.
> *Senti:* a. Chi vuole organizzare attentati in Italia?
> *Dici:* I terroristi vogliono organizzare attentati in Italia.
> *Senti:* b. Cosa succede nelle città turistiche?
> *Dici:* La gente ha paura.

1. Sconfitta la sinistra in tutta Europa alle recenti elezioni.

2. Modificata legge sull'acquisizione e perdita della cittadinanza. Le regole si fanno sempre più dure.

3. Creato un nuovo partito politico per organizzare tutti quelli che sono contro l'attuale governo.

4. Condannato militare per abuso di potere. Accusato di aver minacciato le spie che aveva catturato.

Lab Manual

## 4.1 The *trapassato prossimo* and the *trapassato remoto*

**1 Il furto** In un grande negozio è stato commesso un furto. La polizia sta ascoltando alcuni testimoni e la gente che era lì vicino. Completa la conversazione mentre ascolti. Ascolterai la conversazione due volte.

**POLIZIA** (1) _____ nel negozio quando c'è stato il furto?

**TESTIMONE 1** Noi (2) _____ appena _____ quando abbiamo visto correre due uomini con un sacco.

**POLIZIA** A quel punto (3) _____ già _____ che si trattava di un furto?

**TESTIMONE 2** No, non eravamo sicuri, però (4) _____ che qualcosa di strano (5) _____.

**POLIZIA** E lei cosa ha visto?

**TESTIMONE 1** Io ho sentito gridare la commessa, ma (6) _____ a vedere le scarpe in fondo al negozio e quando sono arrivata vicino alla cassa i ladri (7) _____.

**POLIZIA** Signorina, lei (8) _____ qualcosa di strano?

**COMMESSA** Onestamente no, (9) _____ che c'era tanta gente in negozio, ma questo è un negozio famoso, quindi non mi sono preoccupata e poi (10) _____ l'allarme e credevo che le porte si sarebbero chiuse in caso di furto.

**2 Cosa era accaduto** Ascolta le testimonianze di altre persone e trasforma le frasi al trapassato prossimo. Dopo, ascolta e ripeti le frasi giuste. (*8 items*)

**Modello**

*Senti:* Due ragazzi si sono fermati davanti al negozio.
*Dici:* Ieri, due ragazzi si erano fermati davanti al negozio.

**3 Resoconto** Ora ascolterai il resoconto di un giornalista sul furto. Trasforma le frasi dal trapassato prossimo al trapassato remoto. Dopo, ascolta e ripeti la frase giusta. (*4 items*)

**Modello**

*Vedi:* La polizia arrivò dopo che i ladri _____.
*Senti:* La polizia arrivò dopo che i ladri erano scappati.
*Dici:* La polizia arrivò dopo che i ladri furono scappati

1. La commessa chiamò la polizia dopo che l'allarme _____
2. I clienti si preoccuparono dopo che la commessa _____
3. La polizia iniziò a investigare dopo che _____
4. Gli investigatori andarono via dopo che _____

## 4.2 Object pronouns

**1** **Intervista** Ascolta le domande che sono state fatte ad un politico e poi scegli la risposta più logica.

1. a. Sì, li conosco.
   b. Sì, lo conosco.
2. a. No, non le ho incontrate.
   b. No, non li ho incontrati.
3. a. Sì, le vorrei fare tante domande.
   b. Sì, gli vorrei fare tante domande.
4. a. Sì, la sto seguendo.
   b. Sì, lo sto seguendo.

5. a. Sì, li ho letti.
   b. Sì, le ho lette.
6. a. Sì, gli telefonerò presto.
   b. Sì, le telefonerò presto.
7. a. Sì, gli mostrerò tutti i miei documenti.
   b. Sì, le mostrerò tutti i miei documenti.
8. a. Sì, lo scriverò.
   b. Sì, la scriverò.

**2** **Attivismo** Ascolta ogni domanda e rispondi affermativamente usando i pronomi diretti o indiretti. Dopo, ascolta e ripeti la frase giusta. (*6 items*)

> *Modello*
>
> *Senti:* Conosci gruppi di attivisti studenteschi?
> *Dici:* Sì, *li conosco.*

**3** **In tribunale** Immagina di essere in tribunale, ad un'udienza con giudice, avvocati, testimoni e giuria. Rispondi alle domande che senti usando i pronomi doppi. Dopo, ascolta e ripeti la frase giusta. (*6 items*)

> *Modello*
>
> *Senti:* Il giudice dà informazioni alla giuria?
> *Dici:* Sì, *gliele dà.*

## 4.3 The imperative

**1** **Comandi** Ascolta le frasi e indica se sono comandi formali, informali o altro.

|  | 1 | 2 | 3 | 4 | 5 | 6 | 7 | 8 | 9 | 10 |
|---|---|---|---|---|---|---|---|---|---|---|
| **Formali (Lei, Loro)** |  |  |  |  |  |  |  |  |  |  |
| **Informali (tu, noi, voi)** |  |  |  |  |  |  |  |  |  |  |
| **Altro (non sono comandi)** |  |  |  |  |  |  |  |  |  |  |

**2** **Elezioni** Ascolta le indicazioni per votare. Riformula ogni frase con i pronomi diretti e/o indiretti. Dopo, ascolta e ripeti la frase giusta.

> *Modello*
>
> *Senti:* Leggete i programmi elettorali.
> *Vedi:* i programmi elettorali
> *Dici:* Leggeteli.

1. i discorsi
2. i candidati
3. un documento
4. il documento al presidente
5. le schede
6. la preferenza
7. le schede
8. tutto al presidente

**Lab Manual**

**3** **Dimostrazione** Rispondi alle domande usando l'imperativo informale e seguendo le indicazioni. Dopo, ascolta e ripeti la frase giusta.

> **Modello**
> *Senti:* Cosa facciamo?
> *Vedi:* organizzare la manifestazione
> *Dici:* Organizzate la manifestazione.

1. andare in piazza alle 9     3. distribuire i volantini ai partecipanti    5. stare attenti ai gruppi estremisti
2. andare alle 8.30    4. fare un gruppo unico    6. non dimenticare le bandiere

## 4.4 *Dovere, potere,* and *volere*

**1** **Il concerto** Roberto e i suoi amici devono andare ad un concerto, ma alcuni hanno dei problemi. Ascolta i messaggi lasciati nella segreteria telefonica di Roberto dai suoi amici e poi collega i nomi con le attività che devono fare.

_____ 1. Marco        a. Deve stare a casa con il fratellino malato.

_____ 2. Barbara        b. Devono finire la tesina.

_____ 3. Piero e Davide        c. Deve aspettare i genitori.

_____ 4. Elena        d. Deve andare a una festa.

_____ 5. Alessandro        e. Deve lavorare fino a tardi.

**2** **Discussione politica** Conferma le dichiarazioni (*statements*) fatte da alcuni politici usando i pronomi diretti e/o indiretti. Dopo, ascolta e ripeti la frase giusta. (*8 items*)

> **Modello**
> *Senti:* Il governo deve combattere il terrorismo.     *Dici:* Il governo lo deve combattere.

**3** **Impegni** Guarda le foto, leggi le indicazioni e rispondi alle domande. Dopo, ascolta e ripeti la frase giusta.

> **Modelli**
> *Senti:* Cosa voleva fare Francesco stamattina?
> *Dici:* Francesco voleva giocare a tennis.
> *Senti:* Cosa ha dovuto fare Francesco stamattina?
> *Dici:* Francesco è dovuto andare dal dentista.

giocare a tennis /
andare dal dentista

1. mare / fare la spesa    2. palestra / spedire    3. bar / banca    4. parco / lavorare
                     una lettera

## VOCABOLARIO

Ora sentirai le parole che si trovano alla fine della lezione sul tuo libro di testo. Ascolta e ripetile.

Lab Manual

**PER COMINCIARE**

# Lezione 5

**1** **La famiglia Maldini** Guarda l'albero genealogico della famiglia Maldini. Dopo, ascolta ogni definizione due volte e indica se è **vera (V)** o **falsa (F)**.

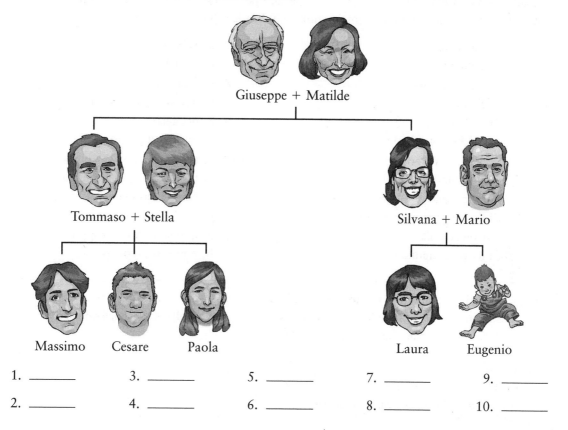

Giuseppe + Matilde

Tommaso + Stella        Silvana + Mario

Massimo    Cesare    Paola        Laura    Eugenio

1. _____     3. _____     5. _____     7. _____     9. _____

2. _____     4. _____     6. _____     8. _____     10. _____

**2** **Pettegolezzi** Francesca e Stella, compagne di studio all'università, si incontrano per caso dopo tanti anni. Ascolta la loro conversazione e completa la tabella inserendo gli aggettivi usati per descrivere la personalità di ogni personaggio. Ascolterai la conversazione due volte.

| Tommaso | | Massimo | |
|---|---|---|---|
| 1. _____   4. _____ | | 1. _____ | |
| 2. _____   5. _____ | | 2. _____ | |
| 3. _____   6. _____ | | | |
| **Cesare** | | **Paola** | |
| 1. _____ | | 1. _____ | |
| 2. _____ | | 2. _____ | |
| 3. _____ | | | |

**3** **In altre parole** Ascolta di nuovo la conversazione tra Francesca e Stella e rispondi alle domande. Dopo, ascolta e ripeti la risposta giusta. (*6 items*)

Lab Manual

   

## STRUTTURE

## 5.1 Partitives and expressions of quantity

**1** **Il cibo e le diete** Mario e Silvana si preparano per la cena di stasera con i genitori di Silvana. Ascolta i frammenti della loro conversazione e indica le espressioni usate.

1. a. degli acquisti
   b. alcuni acquisti

2. a. un po' di vino
   b. del vino

3. a. una bottiglia
   b. qualche bottiglia

4. a. un po' di pomodori
   b. dei pomodori

5. a. non ci sono pomodori
   b. non c'è nessun pomodoro

6. a. alcune cipolle
   b. un po' di cipolle

7. a. delle paste
   b. qualche pasta

8. a. non mangia paste
   b. non mangia nessuna pasta

9. a. del gelato
   b. un po' di gelato

10. a. ne mangerai solo un poco
    b. non ne mangerai affatto

11. a. nessun'altra cosa
    b. qualche altra cosa

12. a. non stare fuori troppo
    b. non stare fuori poco

**2** **Preparativi** Stai aiutando Cesare ad organizzare la festa per la laurea di Paola. Rispondi affermativamente alle domande di Massimo usando **del, dello, della, dell', dei, degli, delle**. Dopo, ascolta e ripeti la risposta giusta. (*8 items*)

> **Modello**
> Senti: Hai qualche suggerimento per il menu?
> Dici: Sì, ho dei suggerimenti per il menu.

**3** **Un rinfresco speciale** Paola e la mamma stanno preparando un piccolo rinfresco per i parenti più stretti prima di andare al ristorante per la festa di laurea. Completa le frasi con l'oggetto illustrato, specificando il nome del contenitore. Dopo, ascolta e ripeti la risposta giusta.

> **Modello**
> Vedi: bottiglia di acqua minerale
> Senti: Abbiamo bisogno *di <beep>*
> Dici: *Abbiamo bisogno di una bottiglia di acqua minerale.*

acqua minerale

bicchiere   bottiglia   pezzo   scatola   tazza

1.
caffè

2.
torrone

3.
aranciata

4.
pane

Lab Manual

## 5.2 *Ci* and *ne*

**1**  **Abitudini** Ascolta le domande e metti accanto ad ogni risposta il numero della domanda corrispondente. Scoprirai le abitudini della famiglia Maldini.

_____ a. Ne hanno tre.

_____ b. No, ci vanno raramente.

_____ c. Certo che ci crede! È ancora un bambino!

_____ d. Certo! Ci va tutte le sere!

_____ e. Sì, però a Eugenio ne dà sempre di più perché è il più piccolo della famiglia.

_____ f. Sì, di solito ci vanno per il pranzo.

_____ g. Di solito ne beve un paio di bicchieri.

_____ h. Sì, ne mangia molto, nonostante la dieta!

**2**  **Problemi diplomatici** Maria ha un problema: stasera non può andare alla festa di laurea di Paola. Ne parla con Anna. Ascolta le domande di Maria e scegli la risposta appropriata.

1. a  Ne ha avuti quattro.
   b. Ne ha avuto quattro.

2. a. Oh, certo! Non contarci!
   b. Oh, certo! Puoi contarci!

3. a. Credo di sì, evidentemente ci tiene.
   b. Credo di sì, evidentemente vi tiene.

4. a. È vicino. Ci vogliono circa 10 minuti.
   b. È vicino. Ci vuole circa 10 minuti.

5. a. Ne ha invitato molte. Paola ha tanti amici.
   b. Ne ha invitate molte. Paola ha tanti amici.

6. a. Non credo. Forse ne verrà la metà.
   b. Sì. Forse ne verrà la metà.

7. a. Telefonagli e digli che puoi andarci!
   b. Telefonagli e digli che non puoi andarci!

8. a. Dai, ne troverai tanti migliori di lui!
   b. Dai, non ne troverai migliori di lui!

**3**  **Dopo lo studio, riposo!** Paola e Gianni, il suo fidanzato, parlano delle loro future vacanze in Sicilia, dove vivono i parenti della mamma di Gianni. Ascolta le domande di Paola e rispondi usando **ci** o **ne** come nei modelli. Dopo, ascolta e ripeti la risposta giusta.

> **Modelli**
>
> *Senti:* Sei mai stato in Sicilia?
> *Vedi:* quando ero piccolo
> *Dici:* Sì, ci sono stato quando ero piccolo.
>
> *Senti:* Cosa ricordi della Sicilia?
> *Vedi:* poco
> *Dici:* Ne ricordo poco.

1. non molto
2. tre: l'Etna, Vulcano e Stromboli
3. circa venti minuti
4. in auto, in traghetto o in aereo
5. i greci, i romani, gli arabi, i normanni e gli spagnoli
6. due: i cannoli e la cassata
7. molti: ad Agrigento e a Taormina
8. la mattina

## 5.3 The future

**1**  **Il matrimonio** Finiti gli studi, Paola può finalmente pensare alla famiglia. Ascolta i progetti di Paola per l'anno prossimo e inserisci i verbi mancanti.

L'anno prossimo (1) _____ con Gianni. Domenica lui (2) _____ a pranzo da me e insieme lo (3) _____ ai miei genitori. Io invece (4) _____ a casa sua domani e (5) _____ con sua madre. Abbiamo deciso: non (6) _____ nessun regalo e (7) _____ che, chi (8) _____, (9) _____ fare una donazione alla Lega italiana contro i tumori. In viaggio di nozze (10) _____ in Sardegna. Io ho degli amici lì: (11) _____ da loro, così non (12) _____ molto.

Lab Manual

**2** **Problemi di coppia** Massimo vuole uscire da solo questa sera, ma la moglie non è molto contenta. Rispondi alle domande secondo il modello. Dopo, ascolta e ripeti la risposta giusta.

> **_Modello_**
>
> _Senti:_ Con chi uscirai stasera?   _Vedi:_ Sandro e Antonio   _Dici: Uscirò con Sandro e Antonio._

1. ristorante di fronte a casa
2. i vecchi compagni di scuola
3. le nostre attuali famiglie

4. che è una donna splendida
5. Sandro e Antonio: è il loro compleanno!
6. prima di mezzanotte

**3** **Sabato sera** Eugenio confronta il suo sabato con quello dei suoi cugini. Ascolta le sue risposte alle domande di Laura e formula la domanda, come nel modello. Dopo, ascolta e ripeti la risposta giusta.

> **_Modello_**
>
> _Vedi:_ essere al cinema con lo zio / dove
> _Senti:_ I nostri cugini saranno al cinema con lo zio.
> _Domandi: Dove saranno i nostri cugini?_

1. vedere un film dell'orrore / che film
2. comprare un gelato / cosa
3. incontrarsi con la zia / con chi

4. andare in pizzeria tutti insieme / dove
5. andare a dormire alle nove / a che ora
6. leggere un libro di Calvino / che cosa

## 5.4 Adverbs

**1** **Notizie dalla Sardegna** Paola telefona a casa dalla Sardegna, dove è andata in viaggio di nozze con suo marito, Gianni. Ascolta le sue affermazioni e cambia l'aggettivo in avverbio, come nel modello. Dopo, ascolta e ripeti la risposta giusta.

> **_Modello_**
>
> _Senti:_ In Sardegna si mangia.
> _Vedi:_ meraviglioso
> _Dici: In Sardegna si mangia meravigliosamente._

1. allegro
2. veloce
3. regolare

4. solito
5. difficile

**2** **Il viaggio di nozze** Ascolta le domande sul viaggio di nozze di Paola e Gianni e rispondi usando l'avverbio indicato. Dopo, ascolta e ripeti la risposta giusta.

> **_Modello_**
>
> _Senti:_ Paola e Gianni si sono trasferiti nella nuova casa?
> _Vedi:_ No, non... ancora
> _Dici: No, non si sono ancora trasferiti._

1. Sì,... già
2. No, non... mai

3. Sì,... sempre
4. Sì,... spesso

5. No, non... più
6. No, non... ancora

## VOCABOLARIO

Ora sentirai le parole che si trovano alla fine della lezione sul tuo libro di testo. Ascolta e ripetile.

**1**  **La nostra società** Ascolta la discussione di due sociologi a una conferenza e cerchia le parole che senti.

_____ caos              _____ conflitto di classe      _____ integrazione

_____ sovrappopolazione  _____ sottosviluppo           _____ convinzioni religiose

_____ razzismo          _____ diversità                _____ maltrattate

_____ globalizzazione   _____ società multilingue      _____ polemica

**2**  **Vero o falso?** Riascolta la conversazione tra i due sociologi e indica quali delle seguenti frasi sono **vere** o **false**.

| Vero | Falso | |
|------|-------|---|
| ○ | ○ | 1. A Claudio non interessa la conferenza. |
| ○ | ○ | 2. Per Paola la sovrappopolazione non causa problemi. |
| ○ | ○ | 3. Per Paola la globalizzazione è la causa di tutti i problemi. |
| ○ | ○ | 4. Per Claudio la globalizzazione è un vantaggio per i paesi poveri. |
| ○ | ○ | 5. Per Paola nella società ci sono problemi di integrazione. |
| ○ | ○ | 6. Secondo Paola, si devono rispettare le idee degli altri. |

**3**  **Opinioni** Ascolta le opinioni di alcune persone e riassumile usando le indicazioni. Poi, ascolta la frase giusta e ripetila.

> **Modello**
>
> *Senti:* Secondo me, la globalizzazione ha molte conseguenze negative.
> *Vedi:* Maria / credere o non credere / nella globalizzazione
> *Dici:* Maria non *crede nella globalizzazione.*

1. Alcuni immigrati / adattarsi o non adattarsi / molto bene alla nuova cultura

2. La fede / aiutare o non aiutare / le persone

3. L'incertezza o il razzismo / essere / un problema / i giovani di oggi

4. I ricchi o gli industriali / arricchirsi / i poveri o gli agricoltori / impoverirsi

5. Il dialogo / essere necessario o non essere necessario / risolvere i problemi

6. I consumatori / volere tutelare / i loro interessi o i loro prodotti

7. La gente / dovere accettare / le diversità o la povertà

8. Molte persone / essere / multilingue o monolingue

Lab Manual

# 6.1 The conditional

**1** **Identificare** Ascolta i commenti di Karima sulla sua vita in Italia e indica il tempo giusto dei verbi indicati.

> **Modello**
>
> *Senti:* Oramai vivo in Italia da 8 anni, avevo 9 anni quando siamo arrivati dall'Egitto.
> *Vedi:* arrivare
> *Scegli:* passato prossimo

|  | Futuro | Condizionale presente | Condizionale passato | Passato prossimo |
|---|---|---|---|---|
| 1. integrarsi |  |  |  |  |
| 2. fare |  |  |  |  |
| 3. studiare |  |  |  |  |
| 4. aiutare |  |  |  |  |
| 5. decidere |  |  |  |  |
| 6. piacere |  |  |  |  |
| 7. rivedere |  |  |  |  |
| 8. andarci |  |  |  |  |
| 9. crescere |  |  |  |  |

**2** **Ipotesi** Non sempre le cose vanno come vorremmo. Ascolta le ipotesi fatte da alcune persone e ripetile usando il condizionale passato. Poi, ascolta e ripeti la frase giusta. (*8 items*)

> **Modello**
>
> *Senti:* Con più soldi, comprerei una macchina più grande.
> *Dici:* Con più soldi, avrei comprato una macchina più grande.

**3** **Intervista** Sei il direttore di una fondazione umanitaria. Usa gli indizi per rispondere alle domande di un giornalista su come risolvere problemi locali. Poi, ascolta e ripeti la risposta giusta.

> **Modello**
>
> *Senti:* Quale sarebbe il suo obiettivo principale?
> *Vedi:* diminuire la globalizzazione
> *Dici:* Diminuirei la globalizzazione.

1. combattere il razzismo

2. promuovere progetti educativi

3. incoraggiare i giovani all'attivismo

4. dovere sensibilizzare l'opinione pubblica su questi problemi

5. organizzare degli eventi

6. fare pressione sui governi che non rispettano i diritti umani

Lab Manual

## 6.2 Negation

**1** **La nostra città** Due amici si rincontrano dopo tanto tempo e parlano della città dove sono cresciuti e delle cose che sono o che non sono cambiate. Ascolta gli estratti (*fragments*) della conversazione e per ogni estratto indica se hanno usato una negazione o no.

| | Negazione | Senza negazione | | Negazione | Senza negazione |
|---|---|---|---|---|---|
| 1. | | | 6. | | |
| 2. | | | 7. | | |
| 3. | | | 8. | | |
| 4. | | | 9. | | |
| 5. | | | 10. | | |

**2** **Opinioni contrarie** Stai parlando con un'amica con cui non sei d'accordo su nulla. Ascolta cosa ti dice e contraddicila dicendo che è vero il contrario. Poi, ascolta e ripeti la frase giusta.

**Modello**

*Senti:* La sovrappopolazione ha raggiunto il suo apice.
*Vedi:* non... ancora
*Dici:* No, la sovrappopolazione non ha ancora raggiunto il suo apice.

1. non... ancora
2. non... più
3. non... nessuno
4. non... mica
5. non... né... né
6. non... affatto

**3** **Amico irritante** Rispondi in modo negativo alle domande che un amico irritante ti sta facendo. Poi, ascolta e ripeti la frase giusta. (6 *items*)

**Modello**

*Senti:* Vuoi uscire con noi stasera?
*Dici:* No, non voglio uscire con nessuno.

## 6.3 The subjunctive: impersonal expressions; will and emotion

**1** **I problemi** Ascolta l'opinione di un esperto di politica internazionale ad una conferenza e completa il brano con i verbi al congiuntivo che senti. Ascolterai il brano due volte.

Penso che (1) _____ giusto che i capi di stato e di governo delle principali democrazie e

potenze economiche (2) _____ per parlare dei problemi mondiali. È importante che il paese

che ospita queste riunioni (3) _____ di tutto per promuovere il dialogo tra i vari paesi,

inoltre è fondamentale che (4) _____ gli obbiettivi da raggiungere. È giusto che i paesi più

industrializzati (5) _____ non solo di questioni economiche ma che (6) _____ anche di

altri problemi mondiali come la salvaguardia dell'ambiente, i diritti umani e la sicurezza. Ritengo che

questi paesi (7) _____ occuparsi della lotta alla povertà, al sottosviluppo e dei problemi della

globalizzazione. Occorre inoltre che tutti noi (8) _____ per risolvere i problemi della nostra

società. Credo che ogni persona (9) _____ contribuire per migliorare la situazione. Ritengo

che un solo paese non (10) _____ occuparsi del problema del terrorismo e che tutti

(11) _____ contribuire alla pace mondiale. Soprattutto spero che tutti questi impegni

presi (12) _____ presto in fatti concreti.

Lab Manual

**2** **Opinioni** Reagisci alle affermazioni di un'amica usando le espressioni fornite e il congiuntivo. Poi, ascolta e ripeti la frase giusta.

> **Modello**
> *Senti:* Chiara va alla manifestazione.
> *Vedi:* È importante che...
> *Dici:* È importante che Chiara vada alla manifestazione.

1. Temo...
2. Desidero...
3. È probabile che...

4. Voglio...   5. Spero...   6. È difficile che...

**3** **Manifestazione** Ascolta le affermazioni degli organizzatori di una manifestazione e ribadisci la tua opinione. Poi, ascolta e ripeti la frase giusta. (*6 items*)

> **Modello**
> *Senti:* Speriamo di avere molta gente alla manifestazione.
> *Dici:* Anch'io spero che voi abbiate molta gente alla manifestazione.

## 6.4 Suffixes

**1** **Suffissi** Scegli tra le due possibilità quella che meglio si addice alla descrizione che ascolti.

> **Modello**
> *Senti:* Una parola volgare.   *Vedi:* parolaccia / parolona   *Dici:* una parolaccia

1. ragazzone / ragazzaccio
2. gattone / gattino
3. cagnaccio / cagnolino
4. minestra / minestrone

5. casa / casuccia
6. caratterino / caratteraccio
7. storiella / storiaccia
8. simpaticone / simpaticaccio

**2** **Commenti** Descrivi le foto che vedi, usando **Che** e un diminutivo o un accrescitivo (*augmentative*). Poi, ascolta e ripeti la frase giusta.

> **Modello**
> *Senti:* Vedo un grande gatto!
> *Dici:* Che gattone!

 1.      2.      3.      4.      5.

## VOCABOLARIO

Ora sentirai le parole che si trovano alla fine della lezione sul tuo libro di testo. Ascolta e ripetile.

Lab Manual

**PER COMINCIARE**

# Lezione 7

**1** **Di cosa parlano?** Ascolta le mini-conversazioni e indica se parlano di informatica, di scienze naturali o di astronomia.

|   | informatica | scienze naturali | astronomia |
|---|:---:|:---:|:---:|
| 1. | ○ | ○ | ○ |
| 2. | ○ | ○ | ○ |
| 3. | ○ | ○ | ○ |
| 4. | ○ | ○ | ○ |
| 5. | ○ | ○ | ○ |
| 6. | ○ | ○ | ○ |

**2** **La risposta giusta** Riascolta le mini-conversazioni e poi scegli la risposta giusta alla domanda che ascolti.

_____ 1. a. È contrario alla vaccinazione di tutte le persone.
       b. È contrario all'influenza.
       c. È contrario alla ricerca scientifica.

_____ 2. a. Deve telefonare.
       b. Deve mandare un'e-mail.
       c. Deve mandare un messaggio con il cellulare.

_____ 3. a. Un computer.
       b. Un lavoro.
       c. Un messaggio.

_____ 4. a. Vuole andare a vedere le stelle e i pianeti.
       b. Vuole andare al parco.
       c. Vuole andare alla libreria.

_____ 5. a. Il governo vuole aumentare gli aiuti alla ricerca scientifica.
       b. Il governo vuole diminuire gli aiuti alla ricerca scientifica.
       c. Il governo vuole mandare i giovani a lavorare in altri paesi.

_____ 6. a. Guido vuole leggere l'articolo che ha trovato Elena.
       b. Guido vuole scrivere un articolo.
       c. Guido vuole mandare un articolo a Elena.

**3** **Gli scienziati** Ascolta la definizione della professione di diversi scienziati e dì che lavoro fanno. Segui il modello. Dopo, ascolta e ripeti la risposta giusta.

> **Modello**
>
> *Senti:* Questa donna studia le stelle lontane con un telescopio.
> *Dici:* È astronoma.

| | | | |
|---|---|---|---|
| astronauta | chimico | geologo | ricercatore |
| biologo | fisico nucleare | matematico | zoologo |

Lab Manual

## STRUTTURE

## 7.1 Comparatives and superlatives

**1** **Il computer di Matteo** Ascolta cosa dice Matteo del suo computer e poi scegli la frase che meglio riassume quello che ha detto.

1. a. Il computer di Matteo è più vecchio di quello di Stefania.
   b. Il computer di Matteo è tanto vecchio quanto quello di Stefania.

2. a. Il computer di Matteo è meno costoso di quello di Stefania.
   b. Il computer di Matteo è costoso quanto quello di Stefania.

3. a. Il computer di Matteo è più moderno che veloce.
   b. Il computer di Matteo è meno moderno che veloce.

4. a. Matteo usa il computer per navigare su Internet più di Stefania.
   b. Matteo usa il computer più per navigare su Internet che per lavorare.

5. a. Stefania scarica meno musica da Internet di Matteo.
   b. Matteo scarica meno musica da Internet di Stefania.

6. a. Matteo usa il computer più per studiare che per giocare.
   b. Matteo usa il computer sia per studiare che per giocare.

7. a. Il computer di Matteo legge solo i CD.
   b. Il computer di Matteo legge sia i DVD che i CD.

8. a. La stampante di Matteo è più veloce di quella di Stefania.
   b. La stampante di Matteo è veloce quanto quella di Stefania.

**2** **Informazioni** Ascolta le domande che Stefania fa sul computer di Matteo e rispondi affermativamente usando il superlativo. Dopo, ascolta e ripeti la risposta giusta. (*6 items*)

> **Modello**
>
> *Senti:* Il computer di Matteo è importante per i suoi studi?
> *Dici:* Sì, è importantissimo.

**3** **Confronti** Guarda ogni coppia di disegni e rispondi alle domande che senti. Dopo, ascolta e ripeti la risposta giusta.

 **Marco**    **Massimo**

> **Modello**
>
> *Senti:* Marco è meno elegante di Massimo?
> *Dici:* No, Marco è più elegante di Massimo.

1.

Giorgio    Mario

2.

Carlo    Sergio

3.

Piero    Silvio

4.

Roberto    Vittorio

Lab Manual

## 7.2 Relative pronouns

**1** **Problemi** Ascolta la conversazione tra Alessia e Andrea e per ogni intervento indica se hanno utilizzato **che** o **cui**. Poi, riascolta la conversazione e controlla le tue risposte.

1. **ANDREA** _____

2. **ALESSIA** _____

3. **ANDREA** _____

4. **ALESSIA** _____

5. **ANDREA** _____

6. **ALESSIA** _____

7. **ANDREA** _____

**2** **L'astronauta** Ascolta le dichiarazioni (*statements*) fatte da un astronauta di ritorno dallo spazio e completale scegliendo fra le due possibilità.

1. a. che hanno reso questa missione possibile.
   b. con cui hanno reso questa missione impossibile.

2. a. a cui ho lavorato sono stati eccezionali.
   b. con cui ho lavorato sono stati eccezionali

3. a. a cui lavoro ha sempre creduto in questa missione.
   b. per cui lavoro ha sempre creduto in questa missione.

4. a. che ha permesso di raccogliere informazioni importanti per i prossimi esperimenti.
   b. il che ha permesso di raccogliere informazioni importanti per i prossimi esperimenti.

5. a. in cui abbiamo incontrato.
   b. che abbiamo incontrato.

6. a. che ho avuto nella missione.
   b. per cui ho avuto nella missione.

7. a. chi è stato nello spazio.
   b. che è stato nello spazio.

8. a. di cui voglio dedicare i miei successi.
   b. alla quale voglio dedicare i miei successi.

**3** **Domande** Rispondi alle domande che ascolti usando un pronome relativo e le indicazioni che vedi. Dopo, ascolta e ripeti la frase giusta.

> **Modello**
>
> *Senti:* Cosa c'è sullo schermo?
> *Vedi:* un documento / scaricare
> *Dici:* C'è un *documento che voglio scaricare.*

1. un programma / aggiornare

2. una lettera / allegare

3. un file / copiare

4. un DVD / masterizzare

5. alcune frasi / incollare

6. una domanda / mandare

**Lezione 7** Lab Manual   **127**

Lab Manual

## 7.3 The subjunctive with expressions of doubt and conjunctions; the past subjunctive

**1**   **Scegliere** Per ogni frase che ascolti, scegli l'inizio corretto. Dopo, ascolta e ripeti la risposta giusta.

> **Modello**
>
> *Senti:* <beep> che il tecnico abbia sistemato il tuo computer.
> *Vedi:* Dubito / So
> *Dici:* Dubito che il tecnico abbia sistemato il tuo computer.

1. Sono sicuro / Spero
2. Sono certo / Non è sicuro
3. Sono sicuro / Immagino
4. È certo / Non credo
5. È sicuro / È possibile
6. So / È probabile

**2**   **Il Triveneto** Completa le frasi scegliendo tra le due possibilità.

1. a. sono tra le montagne più belle del mondo.
   b. siano tra le montagne più belle del mondo.
2. a. sia andata molte volte in Veneto.
   b. sono andata molte volte in Veneto.
3. a. sia un dolce tipico dell'Alto Adige.
   b. è un dolce tipico dell'Alto Adige.
4. a. vanno a visitare il Caffè San Marco.
   b. vadano a visitare il Caffè San Marco.
5. a. hanno visitato la Biennale di Venezia.
   b. abbiano visitato la Biennale di Venezia.
6. a. è considerata una città molto romantica.
   b. sia considerata una città molto romantica.

**3**   **Esagerazioni** Contraddici le dichiarazioni (*statements*) che il venditore fa per convincerti a comprare i suoi prodotti elettronici. Segui il modello e dopo ascolta e ripeti la frase giusta.

> **Modello**
>
> *Senti:* Questo è il miglior prezzo per questo lettore DVD.
> *Dici:* Non credo che questo sia il miglior prezzo per questo lettore DVD.

1. Questo computer utilizza un nuovo sistema operativo.
2. Con questo abbonamento puoi navigare su Internet per 2 mesi.
3. Questo lettore DVD registra anche i film.
4. Questo lettore MP3 ha una memoria di 2 Mega.
5. Questo cellulare permette di ascoltare musica.
6. Questa videocamera digitale fa anche le foto.

## 7.4 *Conoscere* and *sapere*

**1**   **Conoscere o sapere?** Ascolta le frasi e scegli il verbo giusto per completarle. Dopo, ascolta e ripeti la frase giusta.

1. a. ho conosciuto    b. ho saputo
2. a. sappiamo    b. conosciamo
3. a. abbiamo conosciuto    b. abbiamo saputo
4. a. conosco    b. so
5. a. conoscevo    b. sapevo
6. a. hanno saputo    b. hanno conosciuto
7. a. ho saputo    b. ho conosciuto
8. a. conosce    b. sa

## VOCABOLARIO

Ora sentirai le parole che si trovano alla fine della lezione sul tuo libro di testo. Ascolta e ripetile.

Lab Manual

## PER COMINCIARE
## Lezione 8

**1** **Sabato pomeriggio** Ascolta la conversazione di tre amici che raccontano come hanno trascorso il sabato pomeriggio. Cerchia le parole della lista che senti.

_____ orchestra da camera    _____ avanguardia    _____ artista

_____ si svolgeva    _____ tragico    _____ l'opera

_____ i personaggi    _____ giallo    _____ scultrice

_____ musica classica    _____ la trama    _____ pittura a olio

**2** **Vero o falso?** Riascolta la conversazione dei tre amici e indica se le frasi sono **vere** o **false**.

| Vero | Falso | |
|---|---|---|
| ○ | ○ | 1. Diana ha ascoltato un'orchestra da camera. |
| ○ | ○ | 2. Diana è andata ad un concerto di musica d'avanguardia. |
| ○ | ○ | 3. A Cristiano è piaciuto il concerto. |
| ○ | ○ | 4. Cristiano ha letto tutto il fine settimana. |
| ○ | ○ | 5. Il giallo si svolgeva a Milano. |
| ○ | ○ | 6. Simona è andata ad una mostra. |
| ○ | ○ | 7. L'artista è una scultrice. |
| ○ | ○ | 8. Simona preferisce i quadri della scultrice alle sculture. |

**3** **Storia italiana** Ascolta due volte le domande e rispondi utilizzando le indicazioni. Segui il modello. Dopo, ascolta e ripeti la frase giusta.

> **Modello**
>
> *Senti:* Chi guidava il governo fascista durante la Seconda Guerra Mondiale?
> *Vedi:* Mussolini
> *Dici:* Mussolini guidava il governo fascista durante la Seconda Guerra Mondiale.

1. Italo Balbo

2. Gli americani

3. Gli alleati

4. Il referendum

5. Alcide De Gasperi

**Lab Manual**

**STRUTTURE**

## 8.1 Uses of the infinitive

**1**  **All'opera** Ascolta il racconto dell'incidente avvenuto ieri all'opera e indica se hai sentito un infinito presente o un infinito passato.

| | Infinito presente | Infinito passato |
|---|---|---|
| 1. | | |
| 2. | | |
| 3. | | |
| 4. | | |
| 5. | | |
| 6. | | |
| 7. | | |
| 8. | | |

**2**  **Domande** Rispondi alle domande che alcuni amici ti fanno sull'opera utilizzando le indicazioni date e il verbo seguito dall'infinito. Dopo, ascolta e ripeti la frase giusta.

> **Modello**
>
> *Senti:* Quest'opera è emozionante secondo te?
> *Vedi:* sembrare
> *Dici:* Sì, sembra essere emozionante.

1. amare
2. riuscire
3. dovere
4. sapere
5. volere
6. piacere

**3**  **Opinioni** La professoressa Bianchi ha opinioni su tutto. Trasforma le sue idee dall'infinito presente all'infinito passato e fai i cambiamenti necessari. Dopo, ascolta e ripeti la frase giusta. (*6 items*)

> **Modello**
>
> *Senti:* Mangiare troppo fa stare male.
> *Dici:* Aver mangiato troppo fa stare male.

## 8.2 Disjunctive pronouns; prepositions

**1**  **Il viaggio di Silvia** Ascolta Silvia parlare del suo viaggio, cerchia i luoghi menzionati e poi scrivi la preposizione utilizzata.

1. _____ America
2. _____ Asia
3. _____ Africa
4. _____ Europa
5. _____ Italia
6. _____ Rimini
7. _____ Svizzera
8. _____ Emilia-Romagna
9. _____ Liguria
10. _____ Centro Italia
11. _____ Bologna
12. _____ Genova
13. _____ Firenze
14. _____ Toscana
15. _____ isola d'Elba
16. _____ isole Tremiti
17. _____ Como
18. _____ Lombardia
19. _____ Palermo
20. _____ Sardegna

Lab Manual

**2**  **L'agenda di Roberto**  Guarda l'agenda di Roberto con i suoi appuntamenti e rispondi alle domande. Dopo, ascolta e ripeti la risposta giusta.

> **Modello**
>
> _Senti:_ A che ora ha incontrato la signora Partemi?
> _Dici:_ Ha incontrato la signora Partemi alle quattro e trenta del pomeriggio.

30 Settembre 2010

9:30 Appuntamento / dottore
13:30 Pranzo / Michela
15:00 – 15:30 Incontrare sig. Fanesi / firmare contratto
16:30 Incontrare sig.ra Partemi
18:10 a 18:30 Riunione ufficio

**3**  **Al museo**  Ascolta le descrizioni di alcune persone in un museo e riformula la frase con i pronomi tonici. Dopo, ascolta e ripeti la frase giusta. (_6 items_)

> **Modello**
>
> _Senti:_ Questi biglietti sono per gli studenti
> _Dici:_ Questi biglietti sono per loro

## 8.3 Verbs followed by prepositions

**1**  **Intervista**  Ascolta l'intervista ad una pittrice e per ogni scambio d'opinione scrivi il verbo e la preposizione che senti nella risposta.

> **Modello**
>
> _Senti:_ Vuole dare un consiglio a chi vuole diventare un'artista come lei?
>         Gli consiglierei di seguire le proprie emozioni.
> _Scrivi:_ consiglierei di...

1. _____

2. _____

3. _____

4. _____

5. _____

Lab Manual

**2** **L'opposto** Con un amico un po' smemorato stai parlando di Giovanna, una vostra vecchia amica. Correggi le sue affermazioni usando i verbi suggeriti. Dopo, ascolta e ripeti la risposta giusta.

> **Modello**
>
> *Senti:* Giovanna ha continuato a studiare arte dopo la laurea.
> *Vedi:* smettere
> *Dici:* No, lei ha smesso di studiare arte dopo la laurea.

| | | | |
|---|---|---|---|
| 1. divorziare | 3. rinunciare | 5. dire | 7. imparare |
| 2. finire | 4. ricordarsi | 6. annoiarsi | 8. avere torto |

**3** **Domande** Sei un famoso attore. Rispondi alle domande dell'intervistatrice usando il verbo suggerito seguito dall'infinito. Ricordati di inserire la preposizione giusta. Dopo, ascolta e ripeti la frase corretta.

> **Modello**
>
> *Senti:* Reciti in inglese?
> *Vedi:* essere pronto
> *Dici:* Sì, sono pronto a recitare in inglese.

| | | |
|---|---|---|
| 1. continuare | 3. avere bisogno | 5. avere voglia |
| 2. riuscire | 4. chiedere | 6. cercare |

## 8.4 Gerunds and participles

**1** **Istruzioni** Ascolta le indicazioni date dalla professoressa d'arte e riformula la frase utilizzando il gerundio. Dopo, ascolta e ripeti la frase giusta. (*6 items*)

> **Modello**
>
> *Senti:* Quando colorate, fate attenzione alle sfumature.
> *Dici:* Colorando, fate attenzione alle sfumature.

**2** **Una giornata negativa** Tutto è andato storto oggi. Rispondi alle domande con il participio passato come aggettivo utilizzando le indicazioni date. Segui il modello. Dopo ascolta e ripeti la risposta giusta.

> **Modello**
>
> *Senti:* Dov'è il libro?
> *Vedi:* perdere
> *Dici:* Il libro è perso.

| | | | |
|---|---|---|---|
| 1. rompere | 3. distrarre | 5. bruciare | 7. cancellare |
| 2. morire | 4. finire | 6. usare | 8. sparire |

## VOCABOLARIO

Ora sentirai le parole che si trovano alla fine della lezione sul tuo libro di testo. Ascolta e ripetile.

**Lab Manual** *(side tab)*

**PER COMINCIARE**

# Lezione 9

---

**1** **Definizioni** Ascolta le definizioni e indica qual è la parola descritta.

1. _____
2. _____
3. _____
4. _____
5. _____
6. _____
7. _____
8. _____

   a. la colonna sonora
   b. il fumetto
   c. la telenovela
   d. lo schermo
   e. il documentario
   f. l'oroscopo
   g. il mensile
   h. il sondaggio

---

**2** **In diretta** Marco, Giacomo, Chiara e Sandra sono ospiti del programma radiofonico «Media e società». Ascolta il dibattito e indica se le seguenti frasi sono **vere** o **false**.

| Vero | Falso | |
|------|-------|---|
| ○ | ○ | 1. Gli ospiti in studio sono studenti. |
| ○ | ○ | 2. Secondo Marco, la pubblicità deve soltanto divertire perché è una forma d'arte. |
| ○ | ○ | 3. Chiara afferma che un italiano può incontrare 2000 pubblicità al giorno. |
| ○ | ○ | 4. Giacomo preferisce programmi come i documentari e i telegiornali. |
| ○ | ○ | 5. Sandra vuole fare l'attrice. |
| ○ | ○ | 6. Sandra ha dei principi morali molto forti. |
| ○ | ○ | 7. I ragazzi condividono (*share*) opinioni simili sulla pubblicità. |
| ○ | ○ | 8. Questa è stata l'ultima puntata del programma «Media e società». |

---

**3** **Noi e i mass-media** Guarda le immagini e rispondi alle domande aiutandoti con le parole sulla lista. Dopo, ascolta e ripeti la risposta giusta.

| cartoni animati | giornale | notizia | sondaggio | telenovela |
|---|---|---|---|---|
| colonna sonora | intervista | pubblicità | telegiornale | telespettatori |

1.

2.

3.

4.

5.

6.

---

Lab Manual

## STRUTTURE

# 9.1 The imperfect subjunctive and the past perfect subjunctive; tense sequencing

**1** **Il provino** Rita è appena tornata dal primo provino (*screen test*) della sua vita, ma nel mondo dello spettacolo non tutte le esperienze sono positive. Ascoltala mentre racconta a Fabio la sua esperienza e riempi gli spazi con i verbi al congiuntivo imperfetto o trapassato.

Hanno voluto che io (1) _____ disperatamente e subito dopo che (2) _____ pazzamente! Non pensavo che (3) _____ essere così difficile, ma l'ho fatto! Pensavano che io (4) _____ già in qualche film o pubblicità. Non credevano che questo (5) _____ il primo provino della mia vita! Mi hanno fatto i complimenti! Sembrava che non (6) _____ mai un'attrice più brava di me! Avrei voluto che (7) _____ anche tu, per sentire le loro parole. Poi... il contratto: volevano che io (8) _____ come doppiatrice per una telenovela argentina! Io desideravo che mi (9) _____ una parte come attrice o valletta (*show girl*)! Speravo che mi (10) _____ sullo schermo in qualche modo... che delusione!

**2** **Ai miei tempi...** Un compagno più adulto ti racconta com'era l'università quando lui si è iscritto. Commenta le sue affermazioni usando il congiuntivo imperfetto o trapassato nella frase subordinata, come nei modelli. Quindi, ascolta e ripeti la risposta giusta. (*6 items*)

> **Modelli**
>
> *Senti:* Il direttore e sua moglie avevano già divorziato.
> *Dici:* **Non pensavo che il direttore e sua moglie avessero già divorziato.**
>
> *Senti:* Sua moglie era una giornalista, a quel tempo.
> *Dici:* **Non pensavo che sua moglie fosse una giornalista.**

**3** **Cerchia la risposta** Ascolta l'inizio delle frasi e completale cerchiando la risposta appropriata. Dopo, ascolta e ripeti la frase giusta.

1. a. in cucina non ci sia la TV.
   b. in cucina non ci fosse la TV.
2. a. anche alla mia compagna di stanza piacciano le telenovelas.
   b. anche alla mia compagna di stanza piacessero le telenovelas.
3. a. accenda la radio: non mi disturba.
   b. accendesse la radio: non mi disturba.
4. a. la rivista sia uscita due giorni fa.
   b. la rivista fosse uscita due giorni fa.
5. a. la censura non esistesse!
   b. la censura non esista!
6. a. i cartoni animati siano educativi.
   b. i cartoni animati fossero educativi.
7. a. il giornale abbia eliminato la rubrica di cultura.
   b. il giornale avesse eliminato la rubrica di cultura.
8. a. i miei figli guardino scene violente in TV.
   b. i miei figli guardassero scene violente in TV.

**Lab Manual**

### STRUTTURE

## 9.2 Indefinite adjectives and pronouns

**1** **L'inchiesta** Un giornalista conduce un'inchiesta sui gusti degli studenti circa i mezzi di comunicazione. Rispondi alle sue domande usando l'aggettivo o il pronome indefinito, come nei modelli. Quindi, ascolta e ripeti la risposta giusta.

> **Modelli**
>
> _Senti:_ Gli studenti seguono il telegiornale?
> _Vedi:_ qualche
> _Dici:_ Qualche studente segue il telegiornale.
>
> _Senti:_ Ti piacciono i fumetti?
> _Vedi:_ tutti
> _Dici:_ A tutti piacciono i fumetti.

1. ognuno
2. alcuni (_adj._)
3. ogni
4. molti
5. nessuno
6. qualche

**2** **Gli italiani e la stampa** Ascolta le frasi e riformulale usando il pronome indefinito, come nel modello. Quindi, ascolta e ripeti la frase giusta. (_6 items_)

> **Modello**
>
> _Senti:_ Qualche persona legge l'oroscopo ogni giorno.
> _Dici:_ Qualcuno legge l'oroscopo ogni giorno.

## 9.3 Hypothetical statements

**1** **La critica e il pubblico** Ascolta l'intervista rilasciata da un famoso critico cinematografico su un film uscito da poco e che non ha ottenuto recensioni positive. Segna se le ipotesi che lui fa si riferiscono a situazioni reali, possibili o impossibili.

| | Reale | Possibile | Impossibile |
|---|---|---|---|
| 1. | | | |
| 2. | | | |
| 3. | | | |
| 4. | | | |
| 5. | | | |
| 6. | | | |
| 7. | | | |

**Lab Manual**

**2  Completa la frase** Giulio e Ada discutono su come passare il tempo. Ascolta le frasi e completale, scegliendo il finale corretto.

1. a. avremmo potuto vedere la partita in diretta.
   b. potremmo vedere la partita in diretta.

2. a. sarebbe più piacevole guardarle.
   b. sarà più piacevole guardarle.

3. a. questa sera vediamo il Festival di Sanremo.
   b. questa sera vedremmo il Festival di Sanremo.

4. a. l'anno prossimo andrò fuori con le mie amiche!
   b. l'anno prossimo andrei fuori con le mie amiche!

5. a. l'avrei portata con me.
   b. la porterei con me.

6. a. non potrai più camminare!
   b. non potresti più camminare!

7. a. non parli così.
   b. non parleresti così.

8. a. romperei lo schermo!
   b. rompo lo schermo!

**3  L'intervista** Sei un'importante vignettista (*cartoonist*) e rilasci un'intervista per una rivista. Rispondi alle domande usando il congiuntivo imperfetto o trapassato. Quindi, ascolta e ripeti la risposta giusta.

> **Modello**
>
> *Senti:* Cosa faresti se ti offrissero un lavoro?
> *Vedi:* accettare volentieri
> *Dici:* **Se mi offrissero un lavoro, accetterei volentieri.**

1. chiedere un autografo
2. insegnare arte
3. comprare Disneyland

4. recitare favole
5. presentare documentari
6. dipingere quadri

7. usare tanti effetti speciali
8. inventare colonne sonore

## 9.4 Other uses of the subjunctive

**1  Mai scoraggiarsi!** Un regista sta cercando degli attori ma non trova nessuno che lo soddisfi. Ascolta cosa dice e indica se il verbo della subordinata è all'indicativo (**I**) o al congiuntivo (**C**).

1. _____   3. _____   5. _____   7. _____   9. _____

2. _____   4. _____   6. _____   8. _____   10. _____

**2  In edicola** Sei un giornalaio e vuoi convincere una cliente ad acquistare una nuova rivista. Rispondi affermativamente alle sue domande usando il congiuntivo passato, come nel modello. Quindi, ascolta e ripeti la risposta giusta.

> **Modello**
>
> *Senti:* Questa rivista è interessante?
> *Vedi:* vendere
> *Dici:* **Sì, è la rivista più interessante che io abbia mai venduto.**

1. leggere
2. vedere

3. leggere
4. offrire

5. proporre
6. avere

## VOCABOLARIO

Ora sentirai le parole che si trovano alla fine della lezione sul tuo libro di testo. Ascolta e ripetile.

Lab Manual

## PER COMINCIARE

# Lezione 10

**1**  **A ciascuno il suo lavoro** Ascolta le descrizioni dei vari lavori e associale ai nomi delle professioni.

1. _____        a. il/la contabile
2. _____        b. il direttore/la direttrice
3. _____        c. lo/a stagista
4. _____        d. il/la proprietario/a
5. _____        e. il/la collega
6. _____        f. il/la consulente
7. _____        g. il/la segretario/a
8. _____        h. l'impiegato/a

**2**  **Il colloquio** Paolo Ferrero, neo-laureato, è al suo primo colloquio di lavoro. Ascolta la sua conversazione con il dirigente della InfoCo, un'agenzia di consulenza informatica, e indica se le seguenti affermazioni sono **vere** o **false**.

| Vero | Falso | |
|------|-------|---|
| ○ | ○ | 1. Paolo ha spedito il suo curriculum alla ditta prima del colloquio. |
| ○ | ○ | 2. Paolo ha studiato informatica all'università. |
| ○ | ○ | 3. Paolo conosce l'informatica solo ad un livello base. |
| ○ | ○ | 4. Paolo ha esperienza nel campo dell'informatica. |
| ○ | ○ | 5. Paolo ha lavorato per due piccole ditte della sua città. |
| ○ | ○ | 6. Paolo è stato licenziato perché non soddisfaceva il direttore. |
| ○ | ○ | 7. Il datore di lavoro è contento di Paolo. |
| ○ | ○ | 8. Inizialmente Paolo guadagnerà poco. |

**3**  **Questioni finanziarie** Ascolta le frasi e indica le parole mancanti.

| bancarotta | la carta di credito | il mercato immobiliare | sportello |
|------------|---------------------|------------------------|-----------|
| un bancomat | un conto | un mutuo | il tasso d'interesse |

1. _____   3. _____   5. _____   7. _____

2. _____   4. _____   6. _____   8. _____

**Lab Manual**

**STRUTTURE**

## 10.1 Passive voice

**1** **Tempo di crisi** Ascolta le frasi e indica se la forma dei verbi usata è attiva o passiva.

| | attiva | passiva | | | attiva | passiva |
|---|---|---|---|---|---|---|
| 1. | ○ | ○ | 5. | | ○ | ○ |
| 2. | ○ | ○ | 6. | | ○ | ○ |
| 3. | ○ | ○ | 7. | | ○ | ○ |
| 4. | ○ | ○ | 8. | | ○ | ○ |

**2** **Passioni nascoste** Ascolta due volte quello che Silvia racconta di Marco, un semplice impiegato che, dopo il licenziamento, ha scoperto una sua passione nascosta: la cucina. Riempi gli spazi con la forma dei verbi appropriata.

Non ci posso credere! Ti ricordi Marco? L'impiegato dello sportello numero due della Banca Centrale?

Credo che (1) _____ . (2) _____ lavorare nella cucina del

Pub Reale, in centro. Sembra che (3) _____ come stagista, così tra tre mesi

(4) _____ regolarmente. Non ci crederai, ma (5) _____ lo chef

migliore della città! Dicono che anche un piatto semplicissimo, se (6) _____ da lui,

diventa speciale! Domani, una sua intervista (7) _____ sul giornale locale, dopo che

il pub (8) _____ dal sindaco in persona!

**3** **Carte di credito** Una carta di credito è stata trovata in un bar. Forse è stata persa da Laura... Ascolta le frasi, poi cambia la forma da attiva a passiva. Quindi, ascolta e ripeti la frase corretta.

> **Modello**
>
> *Vedi:* Qualcuno / perdere la carta di credito
> *Senti:* Qualcuno ha perso la carta di credito.
> *Dici:* La carta di credito è stata persa da qualcuno.

1. Laura / estrarre (*take out*) la carta di credito
2. Il barista / chiedere un documento
3. Laura / digitare il codice segreto
4. Laura / prendere solo il documento
5. Il barista / trovare la carta
6. Nessuno / usare i contanti (*cash*)

## 10.2 *Si passivante* and *si impersonale*

**1** **Economia e lavoro** Ascolta le frasi e indica se la forma usata è il **si passivante** o la **forma passiva**.

| | 1 | 2 | 3 | 4 | 5 | 6 | 7 | 8 |
|---|---|---|---|---|---|---|---|---|
| **Si passivante** | | | | | | | | |
| **Forma passiva** | | | | | | | | |

**2** **Adesso basta!** Giulio è stanco del suo lavoro e ha deciso di licenziarsi. Ascolta le sue motivazioni e cambia la struttura della frase usando il **si passivante,** come nel modello. Quindi, ascolta e ripeti la frase giusta.

> **Modello**
> *Vedi:* le promozioni / solo ai più simpatici
> *Senti:* Le promozioni sono date solo ai più simpatici.
> *Dici:* Si danno le promozioni solo ai più simpatici.

1. troppe riunioni

2. l'orario di lavoro / ogni giorno

3. tre colleghi / in un'altra città

4. gli uffici / regolarmente

5. troppe promesse / ai lavoratori

6. le segretarie / abbastanza

**3** **A una certa età...** Quando si ha una certa età, si diventa tutti uguali! Ascolta le frasi e riformulale usando il **si impersonale,** come nel modello. Quindi, ascolta e ripeti la frase giusta. (*8 items*)

> **Modello**
> *Senti:* Uno diventa egoista.
> *Dici:* Si diventa egoisti.

## 10.3 Indirect discourse

**1** **Punti di vista** Spesso il punto di vista dei politici non è in linea con quello dei cittadini. Ascolta le frasi e indica se è usato il **discorso diretto** o il **discorso indiretto.**

|                    | 1 | 2 | 3 | 4 | 5 | 6 | 7 | 8 |
|--------------------|---|---|---|---|---|---|---|---|
| **Discorso diretto**   |   |   |   |   |   |   |   |   |
| **Discorso indiretto** |   |   |   |   |   |   |   |   |

**2** **Un lavoro per Marco** Marco è un ragazzo molto bizzarro. Forse trovare lavoro non sarà facile per lui... Ascolta la conversazione tra Marco e Franca e cerchia quale forma usare per convertire ogni frase da **discorso diretto** a **discorso indiretto.** Quindi, ascolta e ripeti la frase giusta.

> **Modello**
> *Senti:* Comprerai dei nuovi pantaloni, Marco?
> *Vedi:* Franca chiede a Marco se *comprerà / avrebbe comprato* dei nuovi pantaloni.
> *Scegli:* Franca chiede a Marco se comprerà dei nuovi pantaloni.

1. Marco chiede a Franca se *ha già trovato / troverà* lavoro.
2. Franca risponde che *aveva fatto / ha fatto* solo un colloquio.
3. Marco dice che *avrà / avrebbe avuto* il suo primo colloquio fra due giorni.
4. Franca chiede a Marco *se ha / aveva* paura.
5. Marco domanda a Franca se lei pensa che *è / sia* difficile.
6. Franca afferma che la prima impressione *conta / conterà* molto.
7. Marco chiede cosa *dovrebbe / dovrà* fare.
8. Franca sostiene che Marco non *dovrebbe / deve* vestirsi in modo stravagante.

**3** **Alla manifestazione** Ascolta il resoconto che un giornalista fa della manifestazione di questa mattina e converti i discorsi diretti in indiretti. Quindi, ascolta e ripeti la risposta corretta.

> **Modello**
>
> *Senti:* Il sindaco ordinava: «Mantenete il controllo!»
> *Vedi:* Il sindaco ordinava...
> *Dici:* Il sindaco ordinava di mantenere il controllo.

1. I lavoratori urlavano...
2. Il capo ha ordinato...
3. Il consulente ha consigliato...

4. Il sindacalista ha gridato...
5. Gli studenti urlavano...
6. La polizia gridava...

## 10.4 *Fare, lasciare,* and verbs of perception followed by the infinitive

**1** **Tempo di vacanze!** Ascolta come la famiglia Fazio si prepara per le vacanze e indica se le seguenti affermazioni sono **vere** o **false**.

| Vero | Falso | |
|------|-------|---|
| O | O | 1. Gina e Fabio fanno studiare i loro figli prima di partire. |
| O | O | 2. Gina e Fabio non lasciano toccare le loro cose a nessuno. |
| O | O | 3. La piccola Giulia curerà il giardino. |
| O | O | 4. La famiglia Fazio non porterà il cane in vacanza. |
| O | O | 5. Giulia dovrà giocare con il cane se lo sentirà piangere. |
| O | O | 6. Marco e Luca non vogliono fare soffrire il loro cane. |

**2** **Vita di ufficio** Chi fa fare le cose a queste persone? Ascolta le frasi e riformulale specificando da chi è partito l'ordine.

> **Modello**
>
> *Senti:* L'impiegato controlla un documento.
> *Vedi:* Il capo...
> *Dici:* Il capo fa controllare un documento all'impiegato.

1. Il dirigente...
2. Il capufficio (*department head*)...
3. I consulenti...

4. Il venditore...
5. Il direttore...
6. I contabili...

## VOCABOLARIO

Ora sentirai le parole che si trovano alla fine della lezione sul tuo libro di testo. Ascolta e ripetile.

Lab Manual